나의 멘토
소크라테스

나의 멘토 소크라테스

1판 1쇄 발행 | 2016년 5월 7일
1판 4쇄 발행 | 2019년 5월 7일

지은이 | 최성민
펴낸이 | 김경배
펴낸곳 | 시간여행
편　집 | 이진의 · 정지은 · 박정민
홍　보 | 강민정
본문 디자인 | 서진원

등　록 | 제313-210-125호 (2010년 4월 28일)
주　소 | 서울시 마포구 토정로 222, 한국출판콘텐츠센터 419호
전　화 | 070-4032-3664
이메일 | sigan_pub@naver.com

종　이 | 엔페이퍼
인　쇄 | 한영문화사

ISBN 979-11-85346-27-4　(03100)

이 도서의 국립중앙도서관 출판예정도서목록(CIP)은 서지정보유통지원시스템 홈페이지(http://seoji.nl.go.kr)와 국가자료공동목록시스템(http://www.nl.go.kr/kolisnet)에서 이용하실 수 있습니다. (CIP제어번호 : CIP2016010293)

나의 멘토 소크라테스

최성민 지음

시간여행

바르게, 아름답게, 정의롭게 사는 것은
결국 모두 똑같은 것이다.

Living well and beautifully and
justly are all one thing.
- Socrates

| 추천사 |

생각하는 힘으로 세상을 살아간다

우리는 살면서 늘 생각을 한다. '나는 누구인가? 왜 살아가는가? 내가 인생을 제대로 살고 있는 걸까?' 같은 심오한 생각에 빠질 때도 있고, '오늘은 무엇을 입고 나갈까? 버스와 지하철 중 어느 쪽이 빠를까?' 같은 사소한 고민에 골머리를 앓기도 한다. 의식을 하건 안 하건, 인간은 생각하는 힘으로 세상을 살아간다. 어쩌면 모든 사람이 다 조금씩은 철학적인 삶을 살고 있는지도 모른다.

이 책을 쓴 성민이는 그중에서도 유난히 철학적 태도로 살아가는 학생이다. 생각이 깊을뿐더러, 생각한 것을 생활과 연결시키는 데에도 열심이다.

첫인상은 '철학책을 읽는 학생'이었다. 성민이는 갓 입학한 1학년 1학기 때부터 소크라테스와 관련된 책을 읽고 있었다. 그 이후에도 여러 서양 철학자들의 책을 읽고 있는 모습이 종종 눈에 띄었다. 철학 전공도 아닌 국어 교사에게 자못 철학적인 질문을 던져와 나를 당황하게 만들기도 했다.

한번은 소크라테스에 관한 글을 써왔기에 읽어보니 내용이 썩 훌륭했다. 제대로 알고 쓴 것인지 슬며시 호기심이 일어 불러다가 질문을 해 보았더니 신이 나서 소크라테스 이야기를 늘어놓았다. 이해가 정확할뿐더러 자기 생각도 뚜렷하게 가지고 있었다. 평소 얼마나 많은 사유를 해왔는지 어렵지 않게 짐작할 수 있었다. 눈을 빛내며 좋아하는 것을 이야기하는 모습이 대견했다.

생각이 깊으면서도 에너지가 많은 친구라 뭘 해도 할 수 있겠다 싶어 '인문책 쓰기 동아리'를 소개했다. 성민이는 곧 친구들을 모아 동아리를 구성해왔고, 이후 고문 선생님으로서 성민이의 모습을 가까이에서 지켜볼 수 있었다. 성민이는 누구보다도 적극적으로 활동하면서 첫 해에는 소크라테스에 관해, 두 번째 해에는 법철학에 관해 책을 냈다. 어른도 하기 힘든 책 쓰기를 2년 연속으로 훌륭하게 해낸 것이다. 성민이의 책은 '전국 학생저자 책 축제'에 세종특별자치시 교육청 대표작으로 출품되어 전시되었다. 또 전국 우수 동아리 발표 대회에서도 성민이가 세종시 대표로 발표를 했고, 우리 인문책 쓰기 동아리는 전국의 수많은 고등학교 동아리를 제치고 교육부장관이 주는 상을 받았다. 성민이와 친구들의 열의가 이룬 성과다.

성민이는 어릴 적부터 지금까지 유난히 어렵고 힘든 터널을 지나왔다. 일찍부터 아버지가 세상을 떠나셨고, 혼자 외아들을 키우시던 어머니마저 성민이가 고등학교 2학년 때 세상을 떠나셨다. 이후 성민이는 외할머니와 함께 살고 있다.

가난과 외로움이 떠나지 않는 와중에 성민이를 이끌어준 것은 소크라테스였을 것이다. 성민이는 옳고 그름을 분별하는 지혜, 아는 것과 행동을 일치시키는 성실함, 깊이 생각하고 스스로 판단하는 힘을 소크라테스로부터 배우고 그 힘으로 스스로를 이끌었다. 사람들에게 묻고 대화하는 것을 어려워하지 않고 긍정적인 태도로 자신의 세상을 넓혀왔다. 선생님으로서 조금이나마 버팀목이 되어 주고 싶은 마음으로 격려하며 지켜봐 왔지만 성민이라면 얼마든지 밝은 미래를 만들어갈 것이라고 믿는다.

이 책에는 성민이의 멘토가 되어준 소크라테스 이야기와 함께, 성민이가 세상을 넓게 보고 자기 길을 찾아가는 과정이 담겨있다. 이 책이 성민이에게도, 책을 읽는 독자들에게도, 더 큰 자신감을 갖고 자기만의 미래를 발견할 계기가 되기를 고대한다.

2016년 4월 19일

세종시 성남고등학교 교사 손석근

| 여는 글 |

내게 찾아온 소크라테스

서점의 철학 코너, 표지에 끌려 무심코 《국가》를 집어든 것이 나와 소크라테스의 첫 만남이었다. 그때의 내 수준에는 너무 어려운 내용이었지만, 눈에 들어온 문장 몇 개가 다짜고짜 내 마음을 사로잡았다.

그 후로 소크라테스의 말들은 언제나 내 곁에 머물렀다. 단순한 것 같으면서도 또 좀처럼 이해가 가지 않는 소크라테스의 말과 철학, 그가 했던 행동들이 나를 계속 생각하게 하고 질문하게 했다. 왜 그는 그렇게 정의와 진리를 찾고 싶어 했을까? 왜 목숨을 구할 기회가 있는데도 탈옥을 거부했을까? 무엇을 위해서 스스로 죽음을 맞은 것일까?

그리고 소크라테스가 내게 던져준 화두들이 내 생각 안에서 정리되어 갈수록, 내 생활도 조금씩 달라지기 시작했다. 차분하게 생각하는 시간이 늘어났고 스스로도 그것을 자연스럽게 여기게 됐다. 별 생각 없이 흘려 읽었던 책도 다시 한 번 생각하면서 읽어보고, 노트에 생각을 적기도 했다. 친구들과 나누는 이야기도 더 깊어지고 풍부해졌다.

변화는 점점 커져갔다. 어릴 때부터 부족했던 자신감이 부쩍 커졌고 매일 똑같았던 생활이 즐겁고 의미 있게 느껴졌다. 뜻이 맞는 친구들과 함께 책 쓰기 동아리를 만들어 토론도 하고 견학 체험도 숱하게 다녀왔다. 책 한 권을 읽을 때, 사람들과 대화 한 마디를 나눌 때 쌓이는 것도 점점 많아졌다.

완전히 달라진 내 모습을 돌아보고, 소크라테스가 나에게 얼마나 큰 영향을 끼쳤는지 깨달은 후 나는 사람들에게 소크라테스에 대해서 이야기하고 싶은 마음이 많아졌다. 특히 소크라테스의 철학을 담은 책들, 그중에서도《국가》를 읽으며 느꼈던 희열과,《소크라테스의 변명》을 읽으며 때로는 감탄하고 때로는 안타까웠던 마음을 사람들과 함께 나누고 싶었다.

아직 고등학생인 내가 책을 쓴다는 게, 더구나 다른 사람도 아닌 소크라테스의 철학에 대해서 왈가왈부한다는 게 철없고 건방진 생각일지 모르지만, 오히려 아직은 어리고 부족한 고등학생이기에 생각할 수 있는 것도 있지 않을까?《국가》는 너무 두껍고 내용이 많아 친구들에게 권하기 어려운 책이지만, 그중에서 무엇이 나의 관심을 끌었는지, 친구들, 선생님과 어떤 점을 이야기해보고 싶은지 책을 통해서라면 조리 있게 전달할 수 있지 않을까?

소크라테스의 죽음을 그린《소크라테스의 변명》,《크리톤》,《파이돈》 그리고 무엇보다도 나에게 커다란 영감을 준《국가》를 친구들과 같이 읽어나가자는 생각으로 썼다. 완벽하게 설명하겠다는 욕심은 부리지 않았다. 내가 감명 깊게 읽은 내용을 중심으로 내가 생각하는 소크라테스를 말하고자 애썼다.

특히 정의란 무엇인가, 올바르게 살아간다는 것은 무엇인가, 진정한 철학자는 어떤 사람인가를 이야기하고 싶었다. 고등학생 눈높이에서나마 조금이라도 더 멀리 보기 위해 발꿈치를 들려고 노력했다. 그 과정에서 내가 조금이라도 더 소크라테스를 닮을 수 있다면 하는 마음이 가장 컸다.

내가 이해한 부분 안에서 되도록 쉽게 쓰려고 노력했으며, 인

용문 역시 내가 좋아한 소크라테스의 말투를 최대한 살리는 선에서 축약하기도 하고 고쳐쓰기도 했음을 밝혀둔다. 부족한 부분이 많지만, 내가 느낀 감동과 흥미, 호기심이 최대한 전달되었으면 했다. 그래서 친구들이 공부하듯 읽지는 않았으면 하는 바람이다. 내가 소크라테스를 통해서 희망을 가졌듯, 자기만의 멘토를 접하고 꿈을 가질 친구들을 위해 쓰고자 한 책이다.

이 책을 출판할 수 있도록 도와주신 교육부와 교육청 관계자 분들, 손석근 선생님, 저를 열심히 키워주신 할머니와 이모들, 외삼촌께 깊은 감사의 인사를 드린다. 힘들 때 항상 가까이에 있어준 친구 진환이에게도 꼭 고맙다는 말을 전하고 싶다. 책을 누구보다 보고 싶으셨을, 지금은 하늘나라에 계신 나의 어머니, 아버지께 이 책을 바친다.

2016년 4월 20일

최성민

목 차

유일한 선은 앎이요, 유일한 악은 무지이다.

There is only one good, knowledge, and one evil, ignorance.

1장

소크라테스의 죽음과 진리의 탄생

"부탁입니다, 신사 여러분! 제 말을 끊지 마십시오!"

소크라테스의 간곡한 부탁에도 불구하고 시민들은 고함과 야유를 보냈다. 죽음이 재판정을 맴돌고 있었다.

아테네에 남은 것은 소크라테스뿐이었다. 민주주의를 꽃피웠던 페리클레스 같은 유능한 정치가도, 파르테논 신전을 지은 페이디아스처럼 위대한 건축가도 더는 없었다. 아테네가 델로스 동맹의 맹주로 전성기를 누렸던 시절은 지나간 지 오래였다. 기나긴 펠로폰네소스 전쟁은 패배로 끝났다. 거리는 전쟁으로 폐허가 되어 있었고, 위엄을 자랑하던 성벽은 강고함을 잃었다. 정권을 잡은 참주들은 공포정치를 자행하며 민주주의를 파괴하려 들었다. 걷잡을 수 없는 혼란이 아테네를 강타했다.

아테네 사람들은 소크라테스가 신을 믿지 않고 젊은이들을 현혹시킨다고 주장했다. 평소 소크라테스의 행동은 사람들이 보기에 참으로 불편하기 짝이 없었다. 사람들의 무지를 깨우친다고 주장하면서 저명인사들의 말에 하나하나 반박을 하고, 행인들을 붙잡고 끊임없이 질문을 하니 미운털이란 미운털은 다 박혀 있던 참이었다.

아테네는 민주주의를 사랑하고 자랑스러워했다. 왕이나 폭군이 제멋대로 권력을 휘두르는 것이 아니라 시민들의 지지를 얻은 사람이 뜻을 펴는 것이 아테네의 민주주의였다. 그러나 민주주의에도 약점은 있었다. 전쟁이 길어지고 사회가 혼란스러워지면서 사람들은 이리저리 휘둘렸다. 말 잘하는 연설가에게 혹하고, 영향력이 있는 정치가에게 기울었다. 모두가 다 자기 말이 옳고 상대는 그르며, 아테네를 위한 길은 자신만이 알고 있다고 우기면서 시민들을 선동했다. 민주주의는 질투와 비방이 횡행하는 싸움터였다.

소크라테스는 이런 이들을 그저 두고 보지 않았다. 그들은 중요한 것을 잊고 있었다. '우리는 무지하다'는 것. 소크라테스가 평생에 걸쳐 설파하고 다녔던 논리였다. 소크라테스는 연설가들과 정치가들의 논리를 논박하면서 그들이 아는 것이 없음을 지적했다. 그리고 이로써 많은 적을 만들었다.

더구나 아테네와 스파르타 사이에서 배신 행위를 거듭했던 정치가 알키비아데스, 펠로폰네소스 전쟁 패배 후 정권을 잡고 공포정치를 자행했던 크리티아스 등은 소크라테스의 제자였다. 소크라테스는 이들의 행동을 지지하기는커녕 비판했지만, 시민들은 이들의 악행을 소크라테스의 탓으로 돌렸다. 누군가는 아테네의 쇠락과 혼란에 대해 책임을 지고 비난을 받아야 했다. 계속되는 전쟁과 독재정치로 광기에 물든 시민들의 마음속에는 누군가를 죽여야 해소될 듯한 갈증이 있었다.

정치가들로부터도 시민들로부터도 미움을 받는 소크라테스가 기소당하는 것은 시간 문제였다. 남은 것은 누가 어떤 죄목으로 기소하는가 하는 것뿐이었다. 마침내 고소할 사람이 나섰을 때, 소크라테스는 도망치지 않았거니와 당당히 아테네의 법정으로 향했다. 무너져가는 아테네의 성벽을 바라보며 소크라테스는 이제 끝장을 보길 원하는 시민들 앞으로 나서고 있었다.

◆ ◆ ◆

아테네의 유명한 철학자 소크라테스에 대해서 사람들이 가장 널리, 그리고 인상적으로 기억하고 있는 것은 그의 마지막일 것이다. 소크라테스를 잘 모르거나 교과서에 나오는 정도만 간략하게 알고 있는 친구들도 소크라테스가 "독배를 마시고 죽은 사람"이라는 것은 모두 기억하고 있을 것이다. 그의 죽음을 다룬 이야기들은 수없이 책으로 만들어지고, 입으로 전해져 왔다.

그는 '신을 믿지 않고 청년들을 타락시킨다'는, 지금 관점으로 보기에는 참으로 애매모호한 죄로 사형이라는 무거운 판결을 받았다. 하지만 그 억울한 죽음, 누구나 두려워하는 죽음을 그는 의연하게 맞으며 역사 속에 커다란 임팩트를 남겼다.

탈옥을 해서 목숨을 구할 기회가 있었는데도 그는 아테네의 법을 존중하기 위해 옥에 남았고, 사형 당일 마지막까지 제자들과 토론을 하다가 태연하게 독배를 들었다. 독약이 퍼져 다리가 마비되기 시작하자 "죽음은 다리로부터 찾아오는가보다"고 농담을 했다거나, 마지막 유언으로 "빚진 닭 한 마리를 갚아 달라"는 말을 남겼다는 이야기도 있다. 보통 사람으로서는 상상하기 힘든, 그야말로 성자 같은 초월적인 태도가 우리에게 감탄과 호기심을 함께 불러일으킨다. 내가 소크라테스에 관심을 갖게 된 것 역시 그의 당당한 죽음에 의구심을 가진 것이 시작이었다.

그리고 그의 죽음에 얽힌 이야기를 알면 알수록, 나는 그의 행동이 단순한 호기로움이나 독특함이 아니라 깊은 뜻을 가지고 선택한 것임을 깨닫게 되었다. 소크테스의 죽음은 그의 생전 주장을 그대로 증명해줄 뿐 아니라, 철학과 옳고 그름에 관한 무척이나 다양한 주제들을 발생시킨다. 소크라테스의 제자로서 소크라테스의 철학을 저술로 남긴 플라톤 역시, 그가 죽음을 맞기까지의 과정을《소크라테스의 변명》,《크리톤》,《파이돈》세 편의 저술에 나눠 담을 정도로 이를 중요하게 다루고 있다.

그래서, 순서가 거꾸로일지 모르지만 나는 그의 죽음에서부터 소크라테스 이야기를 시작하고자 한다.

소크라테스의 변명

기원전 399년, 신을 믿지 않고 젊은이들을 타락시킨다는 죄목으로 고발당한 철학자 소크라테스가 아테네의 법정에서 자신을 변론한 내용을 담고 있다. 처음부터 끝까지 소크라테스의 발언만으로 이루어져 있으며, 소크라테스가 고발당한 이유와 재판의 진행, 당시 아테네의 상황, 판결 후의 소크라테스의 소회 등을 생생히 그려내고 있다. 델포이의 신탁이 소크라테스를 '가장 현명한 사람'이라 하였다는 일화나, "사람들은 자신이 무지하다는 것을 모르나 나는 내가 무지하다는 것을 알고 있으므로 다른 사람보다 현명하다" "잠자는 아테네를 깨우는 등에"와 같은 유명한 언급들이 이 책에서 나왔다. 소크라테스 철학의 정수를 담고 있어 '소크라테스의 영혼의 책'이라고도 불리는, 플라톤의 여러 저작 중에서도 특히 중요한 작품이다.

1
소크라테스, 사형을 선고받다

•《소크라테스의 변명》 읽기 •

아니토스, 멜레토스, 리콘 세 사람은 소크라테스를 고소했다. 아니토스는 민주주의자들의 절대적인 지지를 얻고 있는 정치가였고, 리콘은 유명한 웅변가였으며, 멜레토스는 젊고 촉망받는 시인이었다. 당시 아테네의 사회문화와 여론에서 중추를 담당하는 각 분야의 명망가들이 하나같이 소크라테스를 공격하고 나선 것이다.

가장 중요한 죄목은 '불경죄'였다. 다시 말하면 소크라테스가 신을 믿지 않는다는 것이었다. 당시 아테네에서는 사형을 당하고도 남을 매우 큰 죄였다. 또한 여기에 '아테네의 젊은이들을 타락시킨다'는 죄목도 포함되었다. 다시 말하자면 '사상이 불건전하고, 이를 주위에 전파한다'는 것이 소크라테스의 죄목이었다.

살인이나 강도처럼 증거가 있는 죄가 아닌 만큼 소크라테스의 운명은 완전히 재판관들의 판단에 달려 있었다. 법정에서 변론을 통해 재판관의 마음을 움직이는 것이 중요했다. 소크라테스는 재판관들 앞에서 직접 자신을 변론했고, 플라톤은 그 내용을 기록으로 남겼다. 바로 유명한《소크라테스의 변명》이 그것이다.

당시 아테네는 시민법정 제도를 택하고 있었다. 추첨으로 선정된 시민들이 투표를 거쳐 유죄 여부와 형량을 결정했다. 소크라테스의 재판 날에는 무려 500여 명에 달하는 재판관들이 재판정을 채웠다. 재판관들은 흥분에 들떠 있었다. 그들은 소크라테스가 눈물을 흘리며 무죄를 호소하고, 울고 있는 부인 크산티페와 자식들을 재판정에 데려와 형량을 낮춰달라고 애걸할 것을 기대하고 있었다. 하지만 곧이어 그들은 자신들의 오만한 상상이 완전히 빗나갔음을 알게 되었다. 수많은 시민 재판관들 앞에 선 소크라테스의 태도는 당당하기 그지없었다.

소크라테스 : 저는 달변가가 아닙니다. 저들이 말하는 달변가들이란 진실이라곤 조금도 말하고 있지 않습니다. 하지만 여러분은 제게서 오로지 진실만 들을 수 있을 것입니다. 아테네 시민 여러분, 신께 맹세코, 저는 저들처럼 미사여구나 미리 짠 연설을 하지 않습니다. 저는 그때그때 떠오르는 어구들을 말할 뿐입니다. 왜냐하면 제가 말하는 것이

옳다고 믿기 때문입니다. 오, 아테네 인 여러분! 내 나이를 생각해도 나는 여러분 앞에서 젊은 연설가들처럼 듣기 좋은 방식으로 말할 수는 없는 일입니다. 나에게 그런 일을 기대하지 마십시오.

소크라테스의 입장에서 멜레토스와 그 밖의 고소인이 내세운 죄목은 하나같이 타당하지 않은 주장이었다. 무지에 기인한 주장, 옳지 않은 주장일 따름이었다. 따라서 소크라테스는 조목조목 이를 지적하고 진실을 말했다. 평소의 소크라테스와 다름없었다. 다만 장소만 재판장으로 변해있을 뿐이었다.

아테네의 시민들은 깊은 충격에 빠졌다. 그들이 원하는 재판과는 전혀 다른 모습이었다. 그들은 소크라테스가 이런 태도를 보이리라고는 전혀 생각지 못했다. 존경받는 정치가 페리클레스조차 추방형을 당하기 직전에는 눈물로 자신의 무죄를 호소하지 않았던가! 그는 고소를 당한 사람이었으며, 시민들은 죄를 물으려고 벼르고 있었다. 그들이 원한 것은 죄인이 자신들을 가르치는 것이 아니라, 죄인에게 죄를 알려주고 머리를 숙이게 하는 일이었다.

하지만 소크라테스는 소피스트처럼 자신의 형량을 낮추기 위해 거짓된 말을 할 사람이 아니었다. 그는 뱀과 같은 말솜씨로 배심원들의 마음을 흔들 생각은 당연히 없었거니와 그들의 분위기와 기분을 맞추려 하지 않았다. 그저 진실을 말할 뿐이었다.

소크라테스 : 나는 아무것도 숨기지 않았고 아무것도 빠뜨리지 않았습니다. 그럼에도 불구하고 나의 언동이 솔직했기 때문에 그들의 증오를 받게 되었다는 것을 나는 알고 있거니와, 그들의 증오는 바로 내가 진실을 말하고 있다는 증거가 아니겠습니까?

당시 소크라테스의 입장은 매우 불리했다. 시민들은 소크라테스의 어정쩡한 위치를 마음에 들어 하지 않았다. 그는 젊었을 적 페리클레스와 함께했으나 그가 주장한 제국주의적인 태도를 비판했고, 아테네가 자랑스러워하는 민주주의의 단점을 노골적으로 지적했다. 그렇다고 소크라테스가 독재를 편 과두정을 지지하는 것은 아니었지만, 시민들은 확실함을 원했다. 소크라테스가 민주주의자가 아니라면 그는 과두정의 편일 터였다.

과두정은 소수의 사람이나 집단이 사회의 정치적·경제적 권력을 독점하고 행사하는 정치 체제다. 펠로폰네소스 전쟁이 아테네의 패배로 끝난 후, 아테네의 민주정이 무너지고 스파르타 세력을 등에 업은 30인의 참주가 8개월 동안 공포정치로 아테네를 지배했다. 문제는 과두정의 수장이었던 크리티아스가 소크라테스의 제자였다는 것이다.

소크라테스를 고소했던 세 사람은 모두 과두정 시절 아픔을 겪었던 사람들이었다. 특히 아니토스는 과두정의 숙청으로 아들이 살해당했다. 이러한 점으로 미루어 보면 아니토스가 소크라테스를 증오했다는 것을 충분히 알 수 있지 않을까? 당대의 철학자 크세노폰은《소크라테스 회상》에서 이 상황을 이렇게 묘사하고 있다.

> "크리티아스와 알키비아데스도 소크라테스와 친했잖소. 그 두 사람은 아테네에 가장 참혹한 악행을 저질렀소. 크리티아스는 최고의 도둑이 되었고 과두파 중에서도 가장 폭력적이고 잔인한 이가 되었소. 그리고 알키비아데스는 민주주의자 중에서 가장 무책임하고 독단적이고 폭력적인 이가 되었소."

그런데 사실을 말하면, 소크라테스는 과두정을 지지하기는커녕 매섭게 비판했던 사람이었다. 그는 제자였던 크리티아스에게조차 눈엣가시이고 매우 불편한 존재였다. 과거 소크라테스는 크리티아스에게 성욕을 주체하지 못한다고 질책하면서 '발정난 돼지'라고 비판한 적이 있었고 그 후로 사이가 멀어졌다. 이에 크리티아스는 자신의 정치적 입장을 강화하고자 집권하자마자 소크라테스에게 레온이라는 사람을 잡아와 처형할 것을 지시한다. 그러나 소크라테스는 "부정하거나 불경한 일을 하지 않는 것이 나에게 가장 중요한 일이며, 정부의 권력이 아무리 대단해도 내게 부정한 일을 하도록 만들 수는 없다"라고 말하곤 집으로 돌아갔다. 만일 8개월 만에 크리티아스가 타도되지 않았다면, 소크라테스는 아마 그에게 독살당했을 것이다.

제자들의 잘못은 소크라테스가 전한 가르침과는 하등 상관이 없었다. 고소장에 적힌 젊은이를 타락시켰다는 죄목은 부당한 것이었다. 과두정을 이끈 크리티아스가 소크라테스에게서 배운 것을 실천하는 인물도 아니었고 알키비아데스가 스파르타와 아테네 사이를 오가면서 비열한 짓을 한 것 역시 소크라테스의 영향이 아니었다.

오히려 과두정 체제 속에서도 소크라테스는 한결같은 철학자였다. 소크라테스 역시 폭정 속에서 목숨에 대한 위협을 받았으며 자신의 곁에서 죽어가는 수많은 제자들과 사람들을 지켜보았다. 그러나 그는 아테네를 끝까지 떠나지 않았다. 불의에 항거하는 것이 그의 역할이고 신념이었다. 그는 평화로웠을 때에도, 전시에도, 역병이 돌 때에도, 아테네가 무너져 갈 때에도 늘 평소대로 생활했다. 제자들과 만나고, 얘기하고, 사람들에게 말을 걸고, 그럼으로써 사람들의 무지를 깨우치고자 했다.

하지만 아테네 시민들은 모든 것이 소크라테스의 잘못이라 생각했다. 특히 아테네 밖으로 도피를 해야 했던 아니토스와 같은 민주주의자들의 눈에는 소크라테스가 권력을 쥔 제자를 믿고 편안한 생활을 영위한 사람으로 보였을 것이다. 시민 재판관들도 대부분 과두정 시절 부모와 형제, 재산과 가족 등을 잃은 자들이었다는 것을 생각한다면, 이 고소의 뜻은 사실 소크라테스가 크리티아스나 알키비아데스와 같은 파렴치하고 잔혹한 인물을 제자로 두었다는 점에 초점이 맞춰져 있지 않았을까.

따라서 소크라테스가 무죄 선고를 받기 위해서는 아테네의 시민들의 증오와 분노를 달래주어야 했을 것이다. 자신을 고소한 이들의 주장을 반박하고 이들의 오류를 지적할 것이 아니라, 시민들이 당한 아픔에 안타까움과 공감을 표시하고, 도의적인 사죄라도 했다면 결과는 달랐을지도 모른다. 소크라테스 역시 이 점을 모르지는 않았을 것이다.

하지만 소크라테스는 진실을 말해야 한다고 다짐했다. 그는 소리 높여 자신의 결백함을 주장했다. 소크라테스는 도움이 되지 않을 곳에는 가지 않았고, 그 대신에 가장 올바른 일을 하고자 한 사람 한 사람에게 진심으로 다가갔다. 소크라테스는 사람들에게 재산을 모아 부자가 되기보다는 먼저 훌륭하고 지혜로운 사람이 되기를, 당파와 사상에 치우치지 않고 공정하고 정의로운 판단을 내리기를 청했다. 그는 평생에 걸쳐 이런 뜻을 전파하고 다녔으며, 그런 노력을 했으니 자신은 아테네로부터 사형이 아닌 보답을 받아야 한다고 주장했다.

그러나 아테네 사람들의 생각은 달랐다. 그의 변론은 거만하기 짝이 없었으며, 그가 노력했다고 해봤자 길거리 사람을 붙잡고 장황한 얘기를 늘어놓거나 아테네를 파멸로 몰아넣은 제자만을 양성했을 뿐이었다.

소크라테스는 한 걸음 더 나가서, 자신에게 무죄를 선고하는 것은 자신을 위해서가 아니라 아테네 시민들 스스로를 위한 일이라고까지 주장했다. 자신 같은 사람을 죽이는 것은 옳지 않은 일이며, 옳지 않은 일을 하는 것은 스스로에게 화가 되기 때문이라는 것이다.

소크라테스 : 여러분이 나 같은 사람을 죽인다면 여러분은 나보다도 여러분 자신을 해치게 된다는 것을 알아주시기 바랍니다. 부당하게 다른 사람의 생명을 빼앗는 것과 같은 악행은 그 자신에게 훨씬 더 큰 화가 될 것이기 때문입니다.

아테네 인 여러분, 나는 나 자신을 위해서 변명하려는 것이 아닙니다. 오히려 신이 여러분에게 보내준 선물인 나를 처벌함으로써 여러분이 신에게 죄를 짓지 않도록 여러분을 위해서 변명하는 것입니다. 여러분이 나를 사형에 처한다면, 여러분은 나와 같은 사람을 다시 쉽게 찾아내지는 못할 것입니다. 이 사람은 익살스러운 말로 말한다면, 신이 이 나라에 보낸 일종의 등에인 것입니다.

이쯤 되면 당당함을 넘어서 거만해 보이기까지 한다. 물론 소크라테스로서는 거만하게 굴 생각은 전혀 없었다. 그에게는 옳고 그름이 가장 중요했으며, 무엇이 옳은지는 너무나 명확한 일이었기 때문이다.

그는 자신을 "신이 아테네에 보낸 등에"라고 표현했다. 등에는 소나 말과 같은 가축에 붙어 피를 빠는 곤충이다. 등에가 붕붕거리며 날아들면 소는 귀찮고 거추장스러워 잠에서 깰 수밖에 없다. 소크라테스가 자신을 등에에 비유한 것은, 이처럼 사람들을 거추장스럽게 하여 아테네를 '깨어 있도록' 하는 것이 자신의 역할이라고 여겼기 때문이다.

소크라테스는 주변의 사람들을 끈질기게 괴롭혔다. 정의란 무엇인지, 삶이란 무엇인지, 지위와 부의 유무를 떠나 누구에게나 질문을 던졌다. 대답이 옳지 않다 싶으면 조목조목 갖가지 근거를 들어 비판해 나갔다. 소크라테스의 삶은 질문과 답변으로 이루어졌다 해도 과언이 아니었다. 그 정도로 그의 삶에선 질문이 중요했다.

그렇다면 소크라테스는 왜 굳이 모든 사람들에게 질문을 던졌던 것일까. 왜 그는 스스로 '아테네의 등에'를 자처했던 것일까. 그 이유 역시 이《소크라테스의 변명》에 실려 있다.

소크라테스의 열성적인 제자이자 그의 친구였던 카이레폰이 델포이 신전에 가서 신에게 물었다. "아테네에서 소크라테스보다 더 현명한 사람이 있습니까?" 그러자 델포이의 무녀는 "없다"고 대답했다.

당시 델포이의 신탁은 그리스 인에게 절대적인 권위를 가지고 있었다. 델포이 신전은 아폴론 신을 모시는 곳으로, 아폴론은 학문과 예술의 신, 이성의 신인 동시에 예언의 신이기도 했다. 사람들은 재산이나 영토, 정치에 관해서 중요한 결정을 해야 할 때는 델포이에 가서 신탁을 얻곤 했다. 그렇게 절대적인 권위를 지닌 신이 "소크라테스가 아테네에서 가장 현명하다"는 신탁을 내렸다면, 그것은 소크라테스에게 대단한 명망을 가져다주는 일이 아니었을까? 그러나 소크라테스는 오히려 이 일을 계기로 악명을 얻게 된다.

이 신탁을 들은 소크라테스는 의아함을 느꼈다. 신탁은 절대적인 진실이었다. 그러나 그는 스스로가 크든 작든 지혜가 없는 사람이라고 생각하고 있었다. 그러한 소크라테스가 가장 현명한 사람이라는 신탁을 내림으로써, 신은 무슨 말을 하려고 한 것일까?

그래서 소크라테스는 자기보다 더 현명한 사람을 찾기 위해 아테네에서 지혜롭다고 소문난 사람들을 찾아다니기 시작한다. 그들을 찾아가서 질문을 던지고 대화를 시도했다. 그러나 대화를 하다 보면 소크라테스는 금세 상대방이 현명하지 않다는 것을 느낄 수 있었다. 그래서 소크라테스는 이들의 헛된 논리들을 하나씩 논파함으로써 그가 자신이 생각하는 것만큼 현명하지 않다는 사실을 알려주려고 했다. 그 결과 그는 그 명망가들은 물론 그들을 따르는 수많은 사람들의 미움을 샀다.

소크라테스 : 그 사람도 나도 아무것도 모르기는 마찬가지지만 그 사람보

다는 내가 지혜가 있다고 생각합니다. 그는 아무것도 모르면서도 자신이 뭔가 안다고 생각하지만, 나는 내가 아무것도 모른다는 사실을 있는 그대로 알고 있기 때문입니다. 따라서 그 점에서는 내가 그보다 더 나은 것 같습니다.

나는 그보다 더 현명하다고 알려진 다른 사람들을 찾아갔으나 결론은 마찬가지였습니다. 이렇게 나는 많은 사람들을 적으로 만들었습니다.

소크라테스는 이러한 탐구를 통해, 자신이 현인인 이유가 "내가 무지하다는 것을 알고 있다는 점" 때문이라는 것을 깨닫는다. 그리고 신이 신탁을 통해 말하고자 한 것은 "인간의 지혜는 보잘 것 없고, 우리는 스스로의 무지함을 깨달아야 한다"는 것이라고 결론을 내린다. 이후로 소크라테스는 사람들의 무지함을 깨우치는 것을 사명으로 여기고, 현명하다고 알려진 사람들에게 질문하고 논쟁을 걸며 세상을 돌아다닌다.

지금 와 생각해보면 소크라테스는 이와 같은 질문들을 통해 아테네를 자극하는 동시에 자신의 철학을 가다듬어 나갔던 것 같다. 과연 소크라테스가 치열한 논쟁에서 이기고, 상대방의 논리를 논파함으로써 자신을 완성해 갔을까? 소크라테스는 그러지 않았을 것이다. 그는 자신이 모르는 것을 부끄럽게 여기지 않았고 이를 해결할 때까지 같은 질문을 던졌다. 소크라테스는 사람들과의 대화를 통해 자신을 완성시킬 수 있는 조각들을 찾아 나섰던 것이다. 모르는 것을 알 때까지, 아는 것을 실현할 때까지, 소크라테스의 노력은 죽음의 순간까지 이어졌다. 그는 그저 사유하는 철학자가 아니라 행동하는 철학자였다.

그는 자신의 말과 행동이 사람들의 미움을 사기에 충분하다는 것을 누구보다도 잘 알고 있었다. 위대한 스승, 달변가로 칭송받기보다는 모두의 미움을 받는 등에가 되어 아테네의 무지를 없애고자 평생을 노력했다. 그러나 그 무지는 이제 소크라테스를 없애려 하고 있었다. 아테네는 등에처럼 귀찮은 존재를 살려둘 만큼 여유롭지 않았다.

소크라테스 : 나는 많은 사람의 적의를 불러일으켰다는 사실을 잘 알고 있습니다. 만일 내가 파멸한다면 이 때문에 파멸하게 될 것입니다.

소크라테스의 변론 후, 쏟아지는 것은 갈채가 아닌 고함이었다. 흥분한 군중이 소크라테스를 향해 온갖 욕을 하고 있었다. 소크라테스는 그를 아끼는 친구들의 원조를 받아, 오늘날로 치면 수십억 원에 달하는 30미나의 벌금을 내겠다고 제안했으나 사람들은 이를 거부했다. 오로지 사형뿐이었다. 형벌을 정하는 투표가 진행되고, 예상한 대로 사형이 내려졌다. 유죄와 무죄를 가르는 투표에서는 30표의 근소한 차이밖에 나지 않았지만 이번에는 340명이나 사형에 찬성했다.

사형이 선고된 후, 소크라테스는 모든 것을 예상한 듯 조용하고 당당하게 말했다.

소크라테스 : 나는 유죄 판결을 받았지만 그것은 말주변이 부족해서가 아닙니다. 오히려 울부짖고 한탄하며 여러분이 듣고 싶어 하는 말을 하지 못했기 때문일 것입니다. 하지만 나는 위험에 직면하더라도 그런 비열한 행동을 해서는 안 된다고 생각했습니다. 나는 나의 변명의 방식을 후회하지 않습니다. 나는 여러분이 원하는 대로 말하고 생명을 보존하는 것보다는 나의 방식대로 말하고 죽는 것이 훨씬 훌륭하다고 생각합니다. 나의 친구여, 죽음을 피하는 것이 어려운 것이 아니라, 불의를 피하는 것이 어렵습니다.

이제 떠나야 할 시간이 되었습니다. 각기 자기의 길을 갑시다. 나는 죽기 위해서, 여러분은 살기 위해서. 어느 쪽이 더 좋은가 하는 것은 오직 신만이 알 뿐입니다.

소크라테스는 재판정에 남아 무죄를 지지해준 이들에게 인사를 남기고, 자신의 죽음을 두려워하지 말라고 전했다. 사형선고를 받았음에도, 그는 오히려 그동안의 시련을 덜은 듯 편안해 보였다. 그는 진정한 철학자는 죽음을 두려워하지 않아야 한다고 믿었다. 상황에 타협하지 않고, 거짓은 거짓이라고 말해야 하고,

옳지 않은 것은 옳지 않다고 주장해야 하며, 모든 것을 고려하여 최선을 추구하고, 더 나은 것을 찾아 끝없이 사유하며, 덕과 정의를 위해 종래에는 죽음조차 불사할 수 있어야 한다고 믿었다. 어쩌면 소크라테스는 자신의 믿음 그대로의 삶을 살았던 것인지도 모른다.

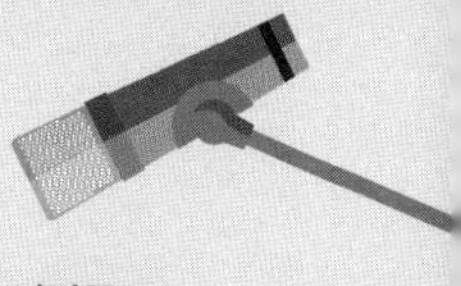

내가 만난 사람들 1

꿈꾸는 자 그 꿈을 닮아간다

정운찬

서울대학교 사회과학대학 명예교수
前 국무총리, 동반성장연구소 이사장

일시: 2015. 5. 26. 장소: 동반성장연구소

정운찬 교수님을 뵙고 싶다고 생각하게 된 것은 경제에 대한 관심이 생기면서부터였다. 현재 한국 경제의 문제점들을 알수록 '동반성장'이라는 교수님의 견해에 깊이 동감하게 되었다. 불우한 환경을 극복하고 경제학자가 되어, 더불어 사는 세상을 향해 노력하시는 삶의 모습도 존경스러웠다. 마침 학교에서 '스마트 창'이라는 프로그램을 통해 진로 모색을 위한 체험활동을 적극 지원하고 있어, 그 일환으로 교수님을 인터뷰하고 동반성장에 대해 생생하고 자세한 말씀을 듣자고 마음을 먹었다.

면담 요청을 드리기 전에 미리 준비를 많이 했다. 교수님의 대표

저서《미래를 위한 선택 동반성장》과 논문들을 탐독하고, 국무총리 재직 시절의 정책에 대해서도 살펴보았다.
교수님의 바쁜 일정상 연락이 쉽지 않았으므로, 공부를 하며 연을 얻었던 다른 교수님께 소개를 부탁드렸다. 정운찬 교수님의 메일 주소를 얻은 후, 메일을 통해 인터뷰 취지를 설명드리고 허락을 구했다. 이후 비서실과 일정을 조율하여 약속을 잡았다.
그동안 공부한 내용을 바탕으로 하고 특히 교수님께서 강조하시는 '동반성장'을 중심으로 질문지를 작성했다. 함께 방문할 친구들과 토론을 하며 질문지를 보완하고, 각자의 의견을 확인했다.

Q '동반성장'이란 무엇이고, 어떤 미래를 그리고 있나요?

A 동반성장의 개념은 간단합니다. 이기적 이타주의를 통해 같이 성장하자는 것이지요. 사실 동반성장의 개념을 특정한 것에 묶을 수는 없지만, 동반성장이 그리고 있는 미래는 실로 간단합니다. '더불어 사는 사회', 부의 불평등이 차차 줄어들고, 중소기업과 같은 기업들도 같이 살아나는 사회를 만드는 것이지요.

Q 이기적 이타주의란 어떤 것인가요?

A 이기적 이타주의는 나의 이익을 위해 남을 돕는 것입니다. 현재 우리나라에서는 대기업이 중소기업에게 압력을 주어 납품단가를 싸게 하는 등 나의 이익을 위해 남에게 피해를 주는 일이 많습니다. 하지만 이렇게 해서 얻는 이익은 매우 단기적인 이익입니다. 언젠가는 중소기업은 부담을 이기지 못하고 무너질 것이고, 이렇게 되면 대기업도 손해를 봅니다. 오히려 중소기업과 상생하고 나누면 대기업은 장기적으로 더 큰 성과를 보장받을 수 있습니다. 만일 대기업이 중소기업을 도와 중소기업에서 혁신을 이루어낸다면, 대기업의 입장에서도 좋은 일이지요.

Q 동반성장은 꼭 대기업과 중소기업 사이에만 가능한 것은 아니지요?

A 물론입니다. 기업들 사이에서는 물론, 교육에서도, 통일에서도, 정책에서도, 더 나아가 국제관계에서도 동반성장은 유효합니다. 친구사이에도 동반성장이 있지 않습니까? 동반성장은 그리 어려운 것이 아닙니다. 이미 선진국들은 동반성장의 개념을 이해하고 관련 정책을 수립했습니다. 독일의 경우는 기업 간에서, 스웨덴이나 북유럽 국가들은 노조 간에서, 정말 다양하게 동반성장이 이루어지고 있습니다.

Q 동반성장을 실현하기 위해서는 어떠한 노력이 필요한가요?

A 그야 간단합니다. 정부가 적극적으로 나서는 것이지요. 정부가 기업에 인센티브를 줌으로써 유인하거나 법제적 차원에서의 노력을 기울여야 합니다. 시장경제를 해친다는 이유로 반대하는 사람들이 많지만 그것은 동반성장의 의미와 진정성을 이해하지 못했기 때문입니다. 이렇게 빈익빈 부익부를 강화하는 것이 시장경제는 아닐 것이거든요. 국민들의 이해가 필요합니다. 국가와 학계가 다양한 노력을 하는 이유가 여기에 있습니다.

Q 언제쯤 국민들이 교수님께서 말씀하시는 '동반성장의 진정성'을 느낄 수 있을 것이라 생각하시는지요?

A 저는 그 시기가 거의 당도했으리라 생각합니다. 최근에 토마스 피케티의 《21세기 자본》 열풍이 전 세계적으로 불었습니다. 전 세계적으로 부가 특정 집단에만 쏠리는 현상이 심각해졌다는 내용을 담고 있습니다. 대중도 이러한 부의 불평등을 느끼기 시작했습니다. 부의 불평등을 인식했다면 곧 동반성장의 진정성 또한 느낄 수 있으리라 생각합니다. 하지만 더욱 중요한 것은 미래를 이끌 여러분이 진정성을 갖는 것이지요. 학생들이 이끌 미래는 더욱 밝다고, 저는 그렇게 생각합니다.

Q 마지막으로 청소년들에게 당부하고픈 말씀이 있으신지요?

A 저는 아버지를 일찍 여의고 가난한 환경에서 자랐습니다. 그런 제가 공부를 할 수 있도록 스코필드 박사가 도와주셨지요. 어느 날, 스코필드 박사께선 이렇게 말씀하셨습니다. '지금 이 나라는 빈부격차가 심하다. 네가 나중에 이 격차를 줄여라.'

저 역시 여러분에게 말씀드리고 싶습니다. '현실을 정직하게 살고, 정직하게 바라보아라'라고요. 지금 대한민국의 현실을 정직하게 바라보셨으면 합니다. 우리가 원하는 미래는 청소년들이 진정성을 가졌을 때 이루어지는 것입니다.

◆ ◆ ◆

예전부터 존경했던 교수님의 경제학자로서의 모습을 뵙게 된 것이 큰 감동으로 다가왔다. 교과서나 책에서는 느낄 수 없는, 직접 뵙고서야 느낄 수 있는 감동이었다.

교수님의 말씀을 통해 '인간을 위한 경제학'이라는 말의 의미를 되새길 수 있었다. 내가 과연 정직한 학자가 될 수 있을까에 대해서도 깊이 생각해 보았다. 정운찬 교수님께서 말씀하신 "꿈꾸는 자 그 꿈을 닮아간다"는 말을 마음속에 다시 한 번 각인했다.

크리톤

소크라테스의 사형 집행 이틀 전, 감옥으로 찾아온 소크라테스의 친구 크리톤과 소크라테스 사이에 오간 토론을 담은 책. 두 사람의 대화로 이루어져 있으며, 정의와 법의 본질, 개인과 사회의 계약 등에 대해 논의한다.

2
소크라테스, 탈옥을 거부하다

•《크리톤》 읽기 •

사형 선고를 받았지만 소크라테스의 형이 곧바로 집행된 것은 아니었다. 당시 아테네에서는 테세우스의 귀환을 기념하기 위한 의례가 벌어지고 있었다. 아테네 인들은 매해 아폴론 신에게 감사의 제물을 바치기 위해 아폴론 신전이 있는 델로스 섬으로 배를 보냈고, 이 기간을 신성하게 여겨 배가 돌아올 때까지는 사형과 같은 형벌의 집행을 금지했다. 그 해에는 배가 역풍을 만나 돌아오는 것이 늦어졌기 때문에, 소크라테스는 형이 집행될 때까지 한 달간 아고라의 감옥에 갇혀있었다.

배가 도착할 날이 가까워지자, 소크라테스의 절친한 친구 크리톤이 감옥을 방문했다. 그러나 그는 단지 암울한 소식을 전해주기 위해서 온 것이 아니었다. 그는 자기 재산을 전부 털어서라도 소크라테스를 아테네 밖으로 보내주겠다고 말하며 소크라테스에게 탈옥을 권했다.

크리톤 : 제발 우리 말을 듣고 우리가 하라는 대로 하게. 조금만 돈을 주면 기꺼이 자네의 탈옥을 도와줄 사람들을 구할 수 있다네. 내 재산은 충분하니 자네를 위해 쓰겠네. 테베의 심미아스도 자네를 도우려고 거액을 가지고 왔네.

당시 아테네 감옥의 방비는 그리 철저하지 않았고, 교도관이나 형리를 매수하기도 어렵지 않았다. 제자들과 수많은 사람들이 그의 탈옥을 고대하고 있었다. 크리톤은 그가 아테네를 벗어나 어디로 가든 존경과 환영을 받을 것이며, 목숨을 구할 길이 있는데도 죽음을 택하는 것은 옳지 않은 일이라고 거의 하소연을 하듯 그를 설득했다.

그러자 소크라테스는 "가장 가치 있는 것은 살아남는 것이 아니라 잘 사는 것"이라고 말하며 도망을 치는 것이 옳은 일이라면 탈옥을 하겠지만, 옳지 않다면 탈옥하지 않겠다고 말한다.

소크라테스 : 나는 옳다고 생각되는 이유가 있을 때만 그 이유에 따라서 행동하는 사람이고, 과거에도 항상 그렇게 해왔네. 지금 이런 상황에 빠

졌다고 내 말을 번복할 수는 없네. 내가 옳다고 여기던 원칙보다 더 좋은 다른 원칙을 발견하지 못한다면, 나는 자네에게 동의할 수 없네. 분명히 도망가는 것이 옳다면 나는 도주하겠네. 그러나 옳지 않다면 가지 않겠네.

소크라테스는 무엇이 옳은 일인지 탐구하려고 했을 뿐 아니라 옳다고 믿는 것을 그대로 실천하려고 한 것이다. 그런데 소크라테스는 탈옥이 옳지 않다고 단정하고 고집을 부리는 것이 아니었다. 그는 도망을 치는 것이 옳은 일인지 아닌지 함께 생각해보자면서 크리톤과 토론을 하기 시작한다.

앞서 크리톤은 탈옥을 하라면서 소크라테스를 갖은 논리로 설득했다. 그중에서도 중요한 것은 다음 두 가지였다.

첫째, 소크라테스가 죽으면 크리톤 자신은 소중한 친구를 잃을 뿐 아니라, 돈이 아까워 소크라테스가 죽게 내버려두었다고 많은 사람들에게 비방을 당할 것이다.

둘째, 생명을 구할 수 있는데도 목숨을 버리는 것은 정당치 못한 일이다.

이 이야기를 듣고서, 소크라테스는 가장 먼저 크리톤에게 '많은 사람들의 의견'에 구애될 이유가 무엇이냐고 반문한다. 남의 의견을 무조건 존중할 것이 아니라 현명하고 옳은 의견을 존중해야 하지 않느냐고 그는 묻는다.

소크라테스 : 우리는 좋은 의견은 존중하고 나쁜 의견은 존중하지 말아야겠지? 그리고 현명한 사람의 의견은 좋고 현명하지 못한 사람의 의견은 나쁘지 않겠는가?

크리톤 : 물론.

소크라테스 : 예를 들어, 체조 연습을 하는 학생은 누구의 의견을 존중해야 할까? 수많은 구경꾼의 의견을 들어야 할까, 아니면 의사나 전문 운동선수 한 사람의 말을 들어야 할까?

크리톤 : 한 사람의 말을 들어야지.

소크라테스 : 그리고 그는 많은 사람들이 아니라 오직 한 사람의 책망을 두려워하고 또 칭찬을 반가워해야 하겠지?

크리톤 : 그렇지.

소크라테스 : 그는 모든 다른 사람들의 의견을 종합해서 거기 따르기보다는 분별력이 있는 한 사람의 교사가 좋다고 생각하는 방식에 따라 행동하고 훈련해야 할 것이네. 그가 분별이 있는 한 사람의 말을 존중하지 않고 많은 사람의 의견에 따른다면, 그는 해를 입게 되겠지?

크리톤 : 분명히 해를 입을걸세. 육체가 화를 입어 못쓰게 되겠지.

소크라테스는 이렇게 논증함으로써 우리가 신경 쓰고 따라야 할 것은 다수 대중의 의견이나 비난이 아니라, 단 한 사람의 의견이라 하더라도 진정으로 옳은 의견임을 입증한다. 그리고 비단 운동선수의 육체만이 아니라, 사람의 영혼 역시 무분별하고 정의롭지 못한 의견에 따랐다가는 해를 입고 못쓰게 될 것이라고 말한다.

소크라테스 : 우리는 많은 사람들이 우리에 대해 무슨 말을 하든 괘념하지 말아야 하네. 오직 정의와 부정을 분별할 줄 아는 한 사람, 그 사람이 말하는 것, 그리고 진리를 존중해야 하네.

그러고 나서 소크라테스는 크리톤과 함께 탈옥이 정의인지, 불의인지 분별하기 위한 논의에 들어간다. 소크라테스는 크리톤에게 차례차례 질문을 한다.

소크라테스 : 옳지 않은 일은 어떤 경우에도 해서는 안 되는 것일까, 아니면 경우에 따라서는 해도 괜찮은 것일까?

크리톤 : 물론 어떤 경우에도 해서는 안 되네.

소크라테스 : 그러면 해를 입었을 때 보복으로 상대에게 해를 끼치는 것, 다시 말해 악을 악으로 갚는 것이 옳은가? 옳지 않은가?

크리톤 : 옳지 않네.

소크라테스 : 인간은 자신이 옳다고 인정하는 일을 해야 하는가, 아니면 자신을 속이고 올바른 일을 하지 말아야 할까?

크리톤 : 인간은 자신이 옳다고 여기는 일을 해야 하네.

소크라테스 : 그렇다면 결론은 무엇이겠나? 아테네 인이 내린 판결을 거스르고 감옥을 나간다면 나는 나쁜 일을 하는 것이 아닌가? 아테네에

해를 끼치는 것이 아닌가? 우리가 옳다고 인정한 원칙을 포기하는 것이 아닌가?

이 말을 듣고 크리톤은 당황한다. 소크라테스를 사랑하고 존경하여 그를 살리는 데 전 재산을 바칠 각오로 감옥에 찾아온 그에게 '소크라테스를 살리는 일이 아테네에 해가 된다'는 말은 이해하기 어려운 것이었을 것이다. 그래서 소크라테스는 크리톤에게 아테네의 입장에서 상황을 설명해주려고 한다.

소크라테스 : 내가 도망을 가는데 아테네가 나에게 이렇게 말한다고 상상해 보게. "소크라테스, 당신은 그런 행동으로 우리를, 법과 도시국가 전체를 파괴하려고 합니까? 법정이 내린 결정이 아무런 효력 없이 개개인의 손으로 무효가 되어도 도시국가가 전복되지 않고 존재할 수 있으리라 생각하십니까?"

소크라테스는 설령 국가가 자신을 파멸시키려고 하고, 공정하지 못한 선고를 내렸다고 하더라도 그 결정에 따라야 하며, 그것이 아테네와 자신이 맺은 약속을 지키는 일이라고 생각했다. 한 시민으로서 이제까지 아테네의 법률과 체제에 의지하여 살고, 아테네에서 양육과 교육을 받았으므로 그는 아테네를 따라야 할 의무가 있다는 것이다. 아테네의 법과 체제가 마음에 들지 않았다면 언제든지 아테네를 떠날 자유가 있었음에도 불구하고 이제까지 아테네에서 살아온 것은 나라가 명하는 바를 따르겠다는 계약을 맺은 것과 마찬가지라는 말이었다.

또한 소크라테스는 그 약속을 어기고 목숨을 부지한다 한들 그 후에 좋은 삶을 살 수 있으리라고 생각하지도 않았다. 그는 더 이상 존경받는 현인 소크라테스가 아니라 스스로 말한 원칙을 어기고 잘못을 저질렀으며, 법을 타락시키고 젊은이들을 타락시키는 자가 되어버리기 때문이다. 그 후에 자신이 사람들과 무슨 대화를 나눌 수 있겠으며, 덕과 정의와 교훈과 법률에 대해 사람들 앞에서 무슨 말을 할 수 있겠느냐고 소크라테스는 묻는다. 생명이나 자식, 그 외의 어떤 것보다도 정의를 먼저 생각하겠다는 소크라테스의 당당한 논증 앞에서, 크리톤은 결국 더 할 말이 없다며 손을 들고 물러나고 만다.

나는《크리톤》을 읽고 너무나 큰 충격에 빠졌다. 소크라테스라는 철학자에 대해 알아가면서 제일 난해하고 난감했던 부분이 바로 이 부분이었다. 그는 왜 탈옥을 하지 않았는가? 옳음이라는 것이 무엇이기에 그것을 끝까지 지키려고 하는가? 그것이 정녕 자신의 목숨보다 더 귀하다는 것인가? 더구나 소크라테스는 재판에서 자신의 입으로 아테네가 자신에게 사형선고를 한 것은 옳지 않은 일이라고 말했다. 그렇다면 그 판결에 따르지 않는 것은 옳지 않은 것을 바로잡는 일이 아닐까? 아직 고등학생인 나의 눈으로 바라보기에는 너무나 답답한 풍경이었다. 아마도 나만 느끼는 감정이 아니었을 것이라 생각한다.

그러나 소크라테스는 그렇게 생각하지 않았다. 그는 자신이 자란 곳은 아테네이며, 아테네를 한평생 떠나지 않았던 것은 자신 스스로가 아테네를 따르겠다는 의미라고 주장한다. 또한 자신이 탈옥을 한다면 법은 더 이상 제 자리를 못 지킬 것이며, 탈옥은 그릇된 일이므로 할 수 없다고 말한다.

길을 걷다 보면 때로는 정말 차가 한 대조차 지나가지 않는 횡단보도를 보게 된다. 그런 곳에서는 마구잡이로 무단횡단을 해버리는 사람들이 많다. 나 역시 급하거나 귀찮을 때는 무단횡단을 한 일이 있다. 언뜻 생각하기에 무단횡단은 사소하고, 죄책감 또한 느껴지지 않는 일이다. 차가 없으니 건너도 된다는 것은 충분히 논리가 선 이야기일지도 모른다. 하지만 근본적인 부분에서, 무단횡단은 법을 지키지 않는 행동이다. 조금 더 빨리 가겠다는 자신의 이기심이 법을 지켜야 한다는 마음을 앞서기 때문에 '무단횡단쯤이야' 하고 가볍게 여기게 되는 것이다.

소크라테스는 자신이 탈옥을 하면 아테네의 근본이 무너진다고 말했다. 소크라테스 한 사람이 탈옥을 한다고 해서 아테네 전체가 무너진다니, 과장된 말처럼 느껴지기도 한다. 하지만 소크라테스의 말에 담긴 의미는 좀더 근본적인 부분에 있다. 꼭 탈옥이 아니어도 좋다. 무단횡단이 되었든 침을 뱉는 것이 되었든, 그것은 자신의 이기심을 채우기 위해 법을 무시하고 부정하는 행위이다. 탈옥 역시, 법을 무시하고 자신의 목숨을 유지하기 위해 행하는 이기적인 행동이다.

아테네는 민주국가이자 법치국가였다. 개개인의 이기심을 위해 법과 원칙이 무시당한다면 유지될 수 없다. 소크라테스가 탈옥을 한다면 그것은 자신이 살아온 아테네 사회의 근본을 부정하는 것이 된다. 소크라테스는 평생 옳은 것을 지키며 살아온 사람이다. 소크라테스는 탈옥이 옳지 못하다는 것을 알고 있었다. 아테네가 어떠한 이유로 자신에게 사형을 선고했든, 그것은 법에 따른 것이었다. 그리고 소크라테스에게 있어 법을 부정하는 것은 국가의 가장 근본적인 부분을 부정하는 것이었다.

또한 소크라테스는 토론 내내 "사형선고를 받았다고 해서 태도를 바꿀 수는 없다"는 점을 강조한다. 비록 그가 평생 아테네 사람들에게 정의와 진리에 대해 이야기하며 살아왔다고는 해도, 보통 사람이라면 자기가 처한 상황에서 생각이나 행동이 달라졌을 것이다. 그러나 그는 평소 생각을 끝까지 관철함으로써 철학을 하는 사람으로서 진정한 본(Paradeigma)이 되는 모습을 보여주었다. 우리가 소크라테스를 기억해야 하는 이유는, 그가 쌓아올린 사상뿐만 아니라 그가 살아간 모습 때문이기도 하다.

내가 만난 사람들 2

보람 있는 삶을 만드는 것이 참된 교육

백낙청

문학평론가, 서울대학교 인문대학 명예교수,
창작과비평사 前 편집인

일시: 2015. 2. 14. 장소: 창작과비평사

우리 사회의 원로 지성인이자 진보철학자, 백낙청 교수님은 평생에 걸쳐 활발한 사회 활동을 해 오신 분이다. 창작과비평사의 편집인, 학생들을 가르치시는 교수, 사회비평가, 시민단체 활동 등 다양한 영역에서 세상에 많은 영향을 미치고 계신다. 앎과 삶을 일치시키는 철학자의 모습이라고 할 수 있다. 나는 그런 삶의 바탕에 있는 교수님의 철학이 무엇인지 궁금했다.

교수님께 인터뷰 요청을 드리기 전, 창비에서 발행하는 잡지에 백낙청 교수님이 기고하신 글들을 읽어보며 교수님의 생각을 알아가고자 노력했다. 선생님의 삶과 활동에 대해 다룬 언론보도,

인물평 등을 읽어보며 교수님에 대해 조사했다. 네이버 문학과학 강연 프로젝트 〈열린연단〉의 강연을 듣는 것도 교수님이 중요하게 여기시는 주제들을 알아가는 데 도움이 되었다.

Q 한낱 고등학생에 불과한 우리들을 이렇게 시간을 내어 만나주신 이유가 무엇인가요?

A 여러분이 요즘 고등학생과 달리 진정한 '꿈'을 좇고 있다는 느낌이 들었어요. 요즘 들어 얼마나 많은 젊은이들이 꿈을 잃어버렸나요. 대학생들은 취업에 쫓겨 다니고, 고등학생들은 진학이 문제고……. 그래서 꿈을 갖고 적극적인 모습을 보여주는 여러분이 반가웠습니다.

그리고 내가 고등학생과 같은 젊은이들과 대화한 것도 오래 전 얘기지요. 그래서 요즘 고등학생들의 생각은 어떻고, 그대들이 어떻게 꿈을 이뤄가고 있는지 궁금했답니다.

Q 출판과 사회비평 등을 통해 활발하게 활동하시면서 사회 문제에 큰 관심을 쏟고 계신데요. 지금 이 사회의 가장 큰 문제는 무엇이라고 생각하시나요?

A 젊은이들이 사회 전반의 문제에 관심을 가지지 않는 것이 걱정스럽습니다. 자신과 직접적으로 관련된 문제에 발끈할 뿐, 그 문제의 근본적 원인에 대해서는 관심을 가지지 않으려 해요. 이는 확실히 심각한 문제입니다.

지금 이 사회를 이끌어가는 기성세대들은 정치에 관심도 많고 사회참여도 활발히 하던 세대들입니다. 그러나 지금도 많은 문제가 발생하고 있고 이 문제들이 서로 충돌하고 있어요. 그런데 앞으로 이 문제들을 해결해야 할 미래 세대들은 대부분이 무관심하단 말이지요. 이것은 우리 사회가 맞이한 가장 큰 위기입니다. 저는 이러한 위기를 우선적으로 극복해야 한다고 봅니다.

Q 그러면 어떻게 해야 이 상황을 변화시킬 수 있을까요?

A 교육체제가 적극적으로 변화해야 한다고 생각해요. 우리나라가 현재의 위치까지 오는 데 기존의 인재양성 중심 교육은 큰 도움이 되었습니다. 그러나 이제는 좀 더 큰 우주를 생각해야 할 때입니다. 로켓과 같은 원리입니다. 우주에 나아가기 위해 대기권을 돌파할 때는 속도를 가속할 수 있는 부스터가 필요하지요. 하지만 더 넓고 더 망망한 우주에 나아가면 그 부스터는 짐이 되고,

따라서 버려지게 됩니다.

앞으로는 꿈꾸는 학생들을 키워낼 수 있는 교육이 되어야 합니다. 대학입시가 일생의 목적처럼 여겨지고 그것을 이루지 못하면 소중한 생명조차 가볍게 여기는 사회 분위기, 그것을 형성하는 근본 원인부터 타파해야겠지요. 양만 앞세운 교육보다는 한 학문을 깊이 있게 공부해보고, 거기에 대해 스스로 사유하고 토론할 수 있는 교육으로 끌어올려야 하고요. 우선 학생들이 진학에만 얽매이지 않도록 하는 정책이 필요하단 것이지요.

물론 이러한 것이 즉각적이고 쉽게 이루어질 수 있는 일이 아니란 것을 압니다만, 적어도 변화를 위한 시도라도 지금부터 시작해야 합니다.

Q 우리 교육이 어떤 방향으로 변화해야 한다고 생각하시나요?

A 실천적 지혜의 습득은 매우 중요합니다. 직접 경험하고 부딪쳐 보고, 그리고 실천할 수 있는 지혜 말이지요. 덴마크와 핀란드 같은 나라는 이러한 교육제도가 잘 마련되어 있습니다. 학생들에게 부딪히고 넘어져도 다시 일어날 수 있다는 가능성을 보여주지요. 우리의 교육체제도 이처럼 실천할 수 있는 여건을 만들어주어야 합니다.

요즘 많은 젊은이들에게 도전하라고 아무리 외쳐도 결국 시도하지 못하는 것이 실천이 없는 교육의 영향 때문입니다. 교육은 이

론과 응용의 원리로 이루어져 있는 것입니다. 어느 한 쪽으로 치우쳐 있는 교육은 결코 올바르다 할 수 없지요.

Q 교육에서 가장 중요한 것이 무엇이라고 생각하시나요?

A 교육이 좁은 의미에서의 교육으로 자리매김해선 안 되겠지요. 교육은 가르치고 실천함으로써 '보람 있는 삶'을 제공해야 합니다. 소크라테스가 말하는 교육의 가치도 이와 같습니다. 교육을 통해 학생들이 능력을 키우고 발전할 수 있도록 돕되, 악한 것이 아니라 참된 것으로 발전할 수 있도록 하는 것이 교육의 책임입니다. 발전을 통해 우리의 삶을 더욱 가치 있고 의미 있게 만드는 것이 교육의 역할이지요. 이러한 의미에서 참된 교육은 보람 있는 삶을 만드는 전초가 아닐까요.

◆ ◆ ◆

교수님의 말씀을 듣고, 나에게 있어 보람 있는 삶이 무엇일까 생각해보았다. 잘 먹고 잘 사는 것이 보람 있는 삶일까. 무언가를 추구하며 사는 것이 올바른 삶일까. 이러한 고민은 답을 찾지 못한 채 반복될지도 모른다. 하지만 삶의 진리를 깨우치진 못하더라도 삶의 진리에 가까운 삶을 사는 것 또한 의미 있다고 느꼈다. 그리고 바로 이러한 곳에 도달하기 위해 좋은 교육이 필요하다고 생각했다.

교육이란 훌륭한 통치자를 만들기도 하고 비겁한 패배자를 만들기도 한다. 그렇기 때문에 사회 전체가 교육을 바로 세우는 데 전념해야 한다고 생각했다. 무엇이 올바른 교육인지 딱 잘라 말할 수는 없어도 우리 사회 전체가 진심을 갖고 노력한다면 미래는 변화할 것이라고 믿는다.

파이돈

소크라테스의 사형 집행 날 아침부터 임종에 이르는 순간까지 하루 동안 소크라테스의 말과 행동을 서술한 책. 소크라테스의 임종을 지켰던 제자 파이돈이 에케크라테스라는 다른 지방 학자에게 소크라테스가 죽던 날 있었던 일을 들려주는 형식으로 쓰여 있다. 죽음을 앞둔 소크라테스는 그의 임종을 위해 모인 제자와 친구들 앞에서 죽음과 영혼, 철학자가 추구하는 진리 등에 대한 심오한 논의를 전개한다. 플라톤 철학에서 중요한 자리를 차지하는 이데아론 등도 다루고 있다.

3
진정한 철학자의 모습

• 《파이돈》 읽기 •

탈옥을 거절한 소크라테스의 사형 집행일이 결국 다가왔다. 부인과 자식들, 소크라테스의 제자, 친구들이 그의 마지막을 함께하려고 감옥에 찾아왔다. 소크라테스의 제자들과 친구들은 소크라테스가 갇혀있는 동안 매일 그를 찾아와서 이야기를 나누고 있었다. 소크라테스에게 주어진 시간은 얼마 남지 않았다. 따라서 제자들 역시 그 시간 동안 소크라테스의 진심과 그의 마음을 읽고자 많은 노력을 했었음을 우리는 알 수 있다.

소크라테스는 자신의 아내인 크산티페와 마지막 인사를 나눴다. 크산티페는 어린 아들을 소크라테스의 옆에 앉혀두고, 이제는 소크라테스와 말을 하는 것도 마지막이라며 가슴을 치며 통곡

했다. 이런 모습을 보자 소크라테스는 사람들에게 크산티페를 집으로 돌려보내 달라 부탁했고, 한 하인이 통곡하며 우는 크산티페를 조용히 데리고 나갔다.

죽음이 목전에 와 있었지만, 소크라테스는 태연하게 친구들과 이야기를 나누었다. 친구들은 궁금한 것에 대해 평소와 같이 소크라테스의 생각을 들을 수 있었다.

사형을 앞두고 친구들이 가장 궁금해 했던 것은 그가 죽음을 어떻게 생각하고 있느냐 하는 것이었다. 결론적으로 말하자면 그는 결코 죽음을 두려워하지 않았다. 뿐만 아니라, 철학 정신을 가진 자는 누구라도 죽음을 두려워하지 말아야 한다고 말했다.

소크라테스 : 진정한 철학자는 죽음을 맞이하여 기쁜 마음을 가져야 할 이유가 있으며, 또한 죽음 다음에는 저 세상에서 최대의 선을 얻는다는 희망을 가질 수 있다는 것을 지금부터 여러분에게 입증하려고 하네.

그는 철학자란 육체적 쾌락에서 벗어나 영혼을 통해 진리를 탐구해야 하는 존재이며, 죽음이란 육체와 영혼의 분리이므로 죽음을 통해 마침내 철학자는 진정한 진리를 볼 수 있게 된다고 말했다. 즉 죽어서야 비로소 자신들이 추구하던 지혜에 도달할 수 있다고 생각한 것이다. 죽음을 고통스럽고 두려운 미지의 것이라고 보기보다는, 살아 있는 동안에는 경험할 수 없는 진정한 진리에

도달하는 통로라 보았던 것이다.

따라서 소크라테스는 죽음이라는 것을 축복으로 여겼다. 참으로 대담한 생각이다. 당시 사람들 역시 죽으면 신을 만나게 되리라면서 죽음을 찬미하기는 했으나 이는 종교적인 믿음일 뿐 실제로는 죽음을 두려워하고 꺼렸다. 하지만 소크라테스는 그와는 다른 관점으로 죽음을 바라보았다.

소크라테스 : 만일 우리의 육체가 진리의 탐구에 참여한다면 방해가 될까? 도움이 될까? 우리가 보거나 듣는 것은 부정확하지 않은가? 보고 듣는 것조차 부정확하고 명석하지 못한 증인이라면 다른 감각은 더하지 않겠는가?

심미아스 : 그렇습니다.

소크라테스 : 그렇다면 영혼은 언제 진리를 획득하는가? 육체와 함께 무엇을 고찰하려고 하면 영혼은 속지 않을 수 없을 텐데. 참된 존재가 우리 앞에 드러난다고 하면, 그것은 사유를 통해 영혼에 드러나야 하지 않겠는가?

심미아스 : 네, 그렇습니다.

소크라테스 : 그리고 정신이 자기 자신으로 돌아가서 소리나 시각이나 고통이나 쾌락 따위가 정신을 괴롭히지 못할 때, 즉 정신이 육신으로부터 떠나서 육체적 감각이나 욕망을 갖지 않고 오직 참된 존재만을 갈망할 때, 사유는 최상의 것이 되겠지?

심미아스 : 물론입니다.

소크라테스 : 그러므로 철학자는 육체를 경멸하고, 그의 영혼이 육체로부터 벗어나 홀로 독립하기를 바라는 것이 아닐까?

소크라테스에게 진정한 진리란 육체적인 경험이 아니라 명정한 사유를 통해 얻어지는 것이었다. 또한 그는 육체에 따라오는 욕망, 질병, 공포심 등은 진리의 추구를 방해하고 사유의 힘을 빼앗아버릴 뿐이라고 생각했다. 죽음은 이런 육체의 고통에서 벗어나는 것이고, 따라서 소크라테스는 육체의 고통에서 벗어남으로써 진정한 지혜를 추구할 수 있다고 설명한다.

소크라테스는 죽음 이후의 세계에서는 그가 평생 소망하던 진실하고 순수한 지혜를 찾아낼 수 있고, 참된 앎을 얻을 수 있다고 생각했다. 그곳은 그가 자유롭게 사유할 수 있는 공간이었다.

소크라테스는 계속해서 사람들과 영혼의 불멸성, 진정한 진리에 대해 대화했다. 제자들은 죽음을 앞둔 소크라테스에게 이것저것 질문하기를 꺼려하기도 했지만, 소크라테스는 스스럼없이 무엇이든 물으라고 하며 모두의 궁금증이 해결될 때까지 계속 이야기를 나누었다. 사형은 해가 질 때 치러지게 되어 있었다. 저녁이 되자 소크라테스는 목욕을 하고 잠시 가족들을 만난 다음, 다시 친구들이 있는 감방으로 되돌아와서 독약이 준비되었으면 가져오라고 말했다.

처형을 미루기는커녕 서두르려고 하는 소크라테스의 모습에 친구 크리톤이 안타까워하며 말했다.

크리톤 : 태양은 아직 산마루에 있네. 사람들은 약을 마시라는 통고를 받은 후에도 시간이 훨씬 지난 다음에야 약을 마시네. 서두르지 말게. 아직도 시간은 충분하네.

소크라테스 : 다른 사람들이야 그렇게 행동하는 것이 당연하겠지. 그들은 죽음을 지연시켜서 얻는 것이 있다고 생각할 테니까. 그러나 나는 독약을 조금 늦게 마셨다고 해서 무슨 이익이 있으리라고는 생각하지 않네.

간수가 잔을 가져오자 소크라테스는 태연하고 온화한 태도로 잔을 받아 마셨다. 소크라테스가 독약을 마시는 것을 보고 사람들은 모두 울음을 터뜨렸지만, 소크라테스는 사람은 조용히 죽어야 한다면서 침착하게 그들을 나무랐다.

당시 사형에 쓰이던 독약으로는 독미나리와 독당근 두 종류가 있었다. 독미나리는 중추신경계를 공격함으로써 심한 발작을 일으키는 고통스러운 독약이었다. 반면 독당근은 말초신경을 공격함으로써 서서히 몸이 굳어지게 하여 그것이 심장에 이르렀을 때 죽음을 맞게 하는 약이었다. 소크라테스에게 내려진 독배는 독당근으로 만들어진 것이었다. 덕택에 소크라테스는 고통에 시달리지 않고 차분하게 죽음을 맞이할 수 있었다. 당시 독당근은 매우 귀한 식물이었기에, 보통 부자 시민들이 죽음을 맞을 때 쓰였다. 소크라테스가 독당근에 의해 죽었다는 것은 비록 사형을 선고하기는 했지만 아테네에 그에 대한 존경심과 외경심이 어느 정도 존재했음을 알려준다. 칠순을 갓 넘은, 아테네에 평생토록 몸을 담은 철학자를 죽이는 것이 아무래도 아테네 시민들의 마음에는 껄끄러웠을 것이다.

독약이 몸에 돌기 시작하자 소크라테스는 자리에 누웠다. 흰 천이 그의 얼굴에 올라갔다. 잠시 후 그는 얼굴을 가린 천을 들치고 말했다.

소크라테스 : 크리톤, 나는 아스클레피오스에게 닭 한 마리를 빚졌네. 기억해 두었다가 빚을 갚아주겠나?

크리톤은 꼭 갚아주겠다고 답했다. 이것이 마지막 말이었다. 기원전 399년, 소크라테스는 세상을 떴다.

소크라테스를 죽인 아테네의 시민들은 곧 그 결정을 후회했던 모양이다. 고발자의 대표자 멜레토스가 곧이어 사형당했고 다른 주동자들은 잇달아 추방당하였다. 아테네는 뒤늦게 소크라테스의 빈자리를 느끼고 있었다. 펠로폰네소스 전쟁의 승자였던 스파르타마저 쇠락하고, 아테네를 비롯한 그리스 폴리스들이 마케도

니아의 지배하에 들어가기까지는 그리 오랜 시간이 걸리지 않았다. 아테네에 석양이 지고 있었다.

◆ ◆ ◆

사형을 당할지도 모르는데 꼿꼿한 태도로 재판에 임하고, 탈옥할 기회가 있는데도 가만히 처형을 기다리고, 죽음을 앞두고도 태연하기만 한 그의 모습은 놀랍기도 하고 답답하기도 했다. 하지만 소크라테스의 얼굴에 흰 천이 올라가는, 진정한 철학자의 죽음을 알리는 장면에서 책을 덮었을 때, 나는 비로소 그의 마음을 조금이나마 이해할 수 있었다.

그는 자신의 삶을 통해 진정한 철학자란 무엇인가를 말하고자 했던 것 같다. 그리고 그가 이야기하고자 한 진정한 철학자는 지혜를 사랑하는 사람이요 사유를 사랑하는 사람, 결국 진리를 갈망하는 사람이 아니었을까?

소크라테스는 지혜를 사랑했다. 지혜는 우리가 추구해야 할 목적이며, 지혜가 깃들어 있어야 그것이 진정한 무엇으로 귀결된다고 본 사람 역시 소크라테스였다. 그는 지혜야말로 세상 모든 것과 바꿀 수 있는 참된 화폐라고 말하기도 했다.

나는 종종 아테네에서 소크라테스만큼 지혜를 사랑하는 사람이 있었을까 생각해본다. 그의 평생은 사람들의 무지를 깨우치고, 덕을 쌓고 지혜를 추구하는 소명에 온전히 바쳐진 것이었다. 삶에서는 물론 죽음에 이르러서까지 지혜를 사랑할 수 있는 사람, 또 그것을 실천할 수 있는 사람이 몇이나 될까. 그는 죽음의 문턱까지 가서도 지혜의 추구만을 생각하고, 말뿐이 아니라 담담한 태도와 행동으로 이를 보여주었다.

그의 사후 많은 시간이 흘렀지만 그가 죽기 전 마지막으로 남겼던 제자들과의 대화는 아직까지 전해져 내려오고 있다. 비록 오랜 시간이 지났지만 오늘날까지 소크라테스의 말은 유효한 듯 싶다. 진정한 철학자란 어떤 사람인가? 이러한 질문이 마음 속에 맴도는 사람들은 소크라테스의 죽음을 기억해야 하지 않을까. 그가 말하는 철학자는, 우리의 삶에서 멀리 있지 않다.

소크라테스 : 나는 이제 이승에서 저승으로의 여정이 행복한 길이 되기를 신께 기원해야 한다네. 나는 그렇게 기도했으니 행복한 여정이 될 걸세.

내가 만난 사람들 3

철학은 살고자 하는 사람이 있다면 언제나 계속되는 학문

송유레

경희대학교 철학과 교수

일시: 2014. 12. 19. 장소: 경희대학교 교수회관 연구실

소크라테스에 대해 공부하던 도중 생긴 궁금증을 풀고 싶어 고대 그리스 철학을 연구하시는 교수님을 찾은 것이 송유레 교수님과의 첫 인연이었다. 용기 내어 보낸 내 질문 메일에 교수님은 친절하게 답해주셨다.

이후에도 교수님과의 메일 교환은 간간이 계속되었고, 나는 교수님의 조언에 힘입어 더 깊고 적극적으로 소크라테스를 공부할 수 있었다. 그 결과 나는 공부한 결실을 한 권의 책으로 묶어낼 수 있었다. 교수님께 감사의 마음으로 그 책을 전해드리고 철학 공부에 대해 더 깊은 가르침을 듣고 싶다는 생각이 들었다. 그 바람을 말씀드리자 교수님께서는 처음 메일 질문을 드렸을 때처럼 쾌히 응해 주셨다.

교수님을 직접 뵙겠다고 마음을 먹은 후 나는 교수님의 논문을 읽어보면서 교수님께서 하고 계신 연구에 대한 사전 지식을 모았다. 또한 철학에 대한 내 생각과 지식을 다시 검토하고 사유하면서 교수님과의 대화를 준비했다.

Q 시간을 내어주시고 가르침을 주셔서 감사합니다.

A 이렇게 찾아와 주니 너무 고마워요. 요즘 알다시피 철학에 대한 관심이 저조한데, 학생들이 이렇게 깊은 관심을 가져주시니 참 행복하네요.

Q 연구실에 부엉이 조각이나 사진들이 참 많은데요. 부엉이를 좋아하시나요?

A 미네르바의 부엉이를 알지요? 부엉이는 지혜의 여신 미네르바를 상징하는 동물이에요. 철학을 하는 사람은 언제나 미네르바의 부엉이를 곁에 두어야 해요.

Q 제가 쓴《소크라테스, 정의의 촛불이 되다》라는 책을 가져왔습니다. 많이 부족하고 보잘것없는 글이지만 교수님의 도움과 응원으로 이렇게 책을 낼 수 있었어요.

A 최 군이 이렇게 책을 내줘서 너무 고마워요. 최 군의 나이에만 생각할 수 있는 것, 그 때만 담아낼 수 있는 철학이 있답니다. 최 군이 생각하기에 이 책이 다소 부족하거나 보완할 점이 있다고 생각하더라도, 그것은 발전을 위한 초석이 되겠지요. 잘 읽겠습니다.

Q 교수님께서는 어떻게 철학자의 길을 걷게 되셨나요?

A 내가 여고생이었을 때는 하루하루가 투쟁의 나날이었어요. 독재정권에 항거하기 위해 하루가 멀다 하고 시위를 하던 때였지요. 그러다 보니 우리가 왜 항거해야 하는지, 우리의 권리가 무엇인지, 인간이란 무엇인지 본격적인 철학적 질문이 내 안에서 시작되었던 것이죠.

또 저는 성격이 내성적인데 그래서 더 철학이 적성에 맞았던 것 같아요. 책 읽는 것을 좋아하고, 사유하는 것도 좋아하고, 딱 맞았지요. 그래서 철학을 공부하기 시작했답니다.

Q 처음 말씀하셨다시피 요즘 철학에 대한 관심이 저조합니다. 대학교에서 철학을 비롯한 인문계 학과를 통폐합하기도 하는데요.

A 요즘 친구들은 철학에 대해 별로 흥미도, 관심도 깊지 않은 것 같아요. 시대가 변하는 것이겠지만……. 철학에 대한 본질적이고 근본적인 열기가 식어가고 있는 것 같아서 무척 안타까워요. 하지만 이런 시기일수록, 우리는 우리 자신에 대한 가장 본질적인 질문을 던져야 합니다.

Q 앞으로 철학의 전망은 어떠리라고 생각하시나요?

A 아마 철학이 겪고 있는 학문적 계절이 지금과 딱 맞는 계절이 아닐까 해요. 잎사귀조차 냉랭해져가는 겨울, 푸름은 과거의 이야기고 따뜻함은 부질없는 희망이란 생각이 들 때도 있어요. 하지만 플라톤이 말했듯이 철학은 살고자 하는 사람이 있다면 언제나 계속되는 학문일 것입니다. 철학은 결국 살아있는 사람이 배우는 일들이니까요.

◆ ◆ ◆

교수님과 철학에 대한 대화를 나누기 위해서는 지식만 암기하는 것이 아니라 나 자신이 주체적으로 사유하는 것을 지속적으로 연습해야 했다. 만남을 준비하면서, 내가 한 사람과의 만남을 위해 점점 나를 단련하고 성숙한 자아로 크기 시작했다는 것을 느낄 수 있었다.

직접 교수님을 뵙고 말씀을 들으면서도 많은 것을 느꼈다. 내가 철학을 사랑한다고 하지만 철학을 배우는 사람으로서 얼마나 사유하고 고찰해왔는지, 내 철학을 실천으로 옮길 수 있어야 함을 잊고 살지는 않았는지, 자신을 돌아보고 반성하게 되었다.

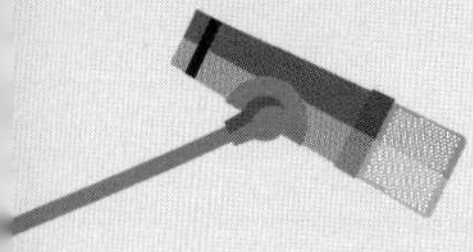

내가 만난 사람들 4

자기 시대, 자기 분야를 꿰뚫을 수 있는 것이 진정한 철학

최진석

서강대학교 철학과 교수

일시: 2014. 8. 29. 장소: 서강대학교

TV 인문학 강의 프로그램 〈Who am I〉 강연을 들으면서 나는 최진석 교수님을 존경하게 되었다. 교수님이 하시는 말씀에는 한 시대를 꿰뚫는 예리한 지적이 담겨 있었다. 이후 나는 EBS 〈인문학 특강〉에서 방영된 교수님의 강연, 신문에 기고된 교수님의 글들을 틈틈이 찾아 읽었다. 특히 교수님이 말씀하신 "철학의 목소리"에 대한 이야기가 무척 인상 깊었고 기회가 있으면 더 깊은 이야기를 듣고 싶었다.

친구들과 함께 진로 모색을 위한 '스마트창' 활동을 하게 되었을 때, 나는 최진석 교수님을 방문하자고 친구들을 적극 설득했다. 교수님께 정중히 면담을 요청하는 메일을 드리고, 함께 가기로 한 친구들과 스터디를 하며 어떤 질문을 드릴지 논의했다. 각자의 꿈에 대해 교수님께 말씀드릴 내용도 정리했다.

Q 선생님이 강연에서 말씀하신 '철학의 목소리'에 대해 자세한 이야기를 듣고 싶습니다.

A 모든 것의 기초는 철학에서 시작합니다. 그리고 철학이라는 학문은 자신의 목소리를 내기 위해 존재하는 것이고, 철학자란 자신의 목소리를 내는 사람입니다.

고대 그리스의 플라톤에서부터 베이컨, 데카르트, 현대의 하버마스까지 수많은 철학자들이 있었습니다. 어떤 사람이 이 철학자들의 말을 연구하고 그의 말을 빌려 이 세상을 설명한다면 그는 철학자입니까? 아닙니다. 그는 철학 연구자일 뿐입니다. 철학자는 자신이 사는 세상을 자신의 통찰력으로 꿰뚫어보고, 자신의 목소리를 냅니다.

Q 철학자가 통찰력을 가지려면 다른 철학자의 철학에 대해서도 알아야 하지 않을까요?

A 물론 모든 철학자는 철학 연구자의 과정을 거치면서 자기 생각을 만들어갑니다. 그러나 우리가 철학 연구자로서 그 사회를 대표하던 철학자들의 철학을 연구할 때는, 그 사상의 내용도 중요하지만 그 사람이 어떠한 통찰력을 지니고 어떻게 꿰뚫었는지, 어떻게 자신의 목소리를 냈는지를 연구하는 것이 중요합니다. 그것이 철학 연구자가, 그리고 철학을 연구하는 학생들이 가져야 할 목적이 아닐까요?

우리는 우리의 목소리를 낼 수 있어야 합니다. 철학은 그것을 위해 존재합니다. 한 시대를 꿰뚫어보는 힘을 지니는 것, 그리고 그에 대해 목소리를 낼 수 있는 것. 그것이 철학자의 목표이자 능력인 것이지요. 여러분은 각기 다른 꿈을 가지고 있지만, 각각의 분야에서 그 목소리를 낼 수 있어야 합니다. 세상을 꿰뚫어서 여러분의 분야에 그것을 적용시키는 것. 제가 해줄 수 있는 말은 이것입니다.

Q 자기 통찰을 갖는다는 것은 구체적으로 어떤 것인가요?

A 박물관을 가면 유물들이 여럿 있지 않습니까? 그런데 그 유물들을 하나씩 따로따로 보고 오는 사람은 철학자가 아닙니다. 그 유물들이 가진 연관성, 혹은 특징, 여러 유물을 연결해주는 보이

지 않는 무언(無言)의 뜻이 있습니다. 철학자는 그 무언의 것들을 보는 사람입니다.

학문 공부를 할 때도 마찬가지입니다. 각개로 존재하는 학문을 보는 사람과 그 학문 사이에 존재하는 무언을 보는 사람은 다르지요.

Q 완전히 영역이 다른 학문 사이에도 연결이 존재하나요?

A 물론입니다. 요즘은 학문 간의 융합 정신이 강조되고 있습니다. 이제는 더 이상 철학의 눈으로만 세상을 보고 철학으로만 세상을 바꿀 수는 없습니다. 철학을 통해 세상 곳곳을 바라보되, 각각의 분야에 맞는 지식과 능력을 지녀야만 문제를 해결할 수 있습니다. 이렇게 학문 간의 융합과 발전을 통해 현재의 잘못된 부분을 차근차근 고쳐 나가고, 새로운 시대로 거듭나야 할 것입니다.

◆ ◆ ◆

내가 나의 '철학의 목소리' 없이 소크라테스의 말을 빌려 앵무새처럼 철학자 흉내를 내고 있지는 않았는지 반성을 해 보았다. 나 역시 나름의 시각을 가지고 세상을 바라보려 노력했지만, 소크라테스는 자신의 통찰과 목소리를 갖기 위해 훨씬 더 길고 힘겨운 사유의 시간을 거쳤을 것이다. 혹시 내가 그런 사투 없이 소크라테스의 생각을 가져오려 하지는 않았을까.

또한 철학이란 학문에 갇혀있을 것이 아니라 철학으로 더 넓은 세상을 보고 이를 바탕으로 꿈을 펼쳐야 한다는 생각도 들었다. 철학의 목소리. 나는 내 목소리를 내기 위해 얼마나 내 삶에 충실했는지 되돌아보게 하는 만남이었다.

2장

소크라테스와 정의로운 세상

소크라테스는 아무런 저작을 남기지 않고 죽었다. 하지만 다행스럽게도 그에게는 총명하고 뜻이 같은 제자 플라톤이 있었다. 플라톤은 아테네의 명문가 출신으로, 한때는 정치가를 지향하던 총명한 젊은이였다. 하지만 아테네의 혼란한 정치 상황과 존경하던 스승 소크라테스가 사형을 당하는 모습을 지켜보며 청년 플라톤은 정치에 혐오감을 느끼고 철학자의 길을 걷게 된다.

그는 아카데미아(academia)라는 학원을 세우고 학생들을 가르치는 한편, 소크라테스의 제자로 지내면서 곁에서 보고 들은 그의 말과 행적을 저술로 남겼다. 소크라테스의 죽음을 다룬《소크라테스의 변명》,《크리톤》,《파이돈》 등 우리가 소크라테스의 삶과 철학에 대해 자세히 알 수 있는 대부분의 책이 플라톤이 남긴 저작들이다. 이 책들은 소크라테스가 사람들과 문답을 나누며 철학적 논의를 심화시켜가는 형태로 되어 있기에 '대화편'이라고 불린다.

그 결과 우리가 소크라테스의 철학이라고 알고 있는 것들에는 플라톤의 주관적인 생각이 많이 섞여 있다. 그러나 그렇다고 해서 플라톤의 책 속에 담긴 철학이 소크라테스의 것이 아니라고 할 수는 없다. 플라톤은 소크라테스에게서 깊은 영향을 받은 제자였으며, 특히 초기에 남긴 저술들은 소크라테스의 철학을 온전히 담아낸 것이라고 봐도 틀리지 않기 때문이다. 오히려 소크라테스가 직접 남긴 글이 존재하지 않는다는 것을 감안한다면, 플라톤이 이런 형태로 철학서를 남긴 것은 참으로 감사한 일이 아닐 수 없다.

플라톤이 남긴 여러 철학서 중에서도《국가》는 특히 중요한 책이다. 소크라테스가 꿈꿨던 세상을 재구성한 책이라고도 할 수 있다. 플라톤은 한때 정치가를 꿈꿨던 사람으로서 이상적인 국가를 실현하는 데에 깊은 관심을 가졌으며, 그에 대한 스승의 사상과 자신의 생각을 정리하여 이 책에 담았다. 국가, 즉 사회를 구성하는 각각이 어떤 미덕을 지니고 어떻게 살아야 이상적인 공동체를 이루어낼 수 있을지 이, 책은 개인과 사회 양쪽의 측면에서 고민한다.

◆ ◆ ◆

오늘날 한국 청소년 10명 중 8명이 한국 사회를 불평등하고 불의한 곳으로 생각한다고 한다. 이는 그만큼 정의가 바로잡히기 어렵고, 올바른 뜻을 펴기 어려운 사회로 여겨진다는 뜻일 것이다. 불의의 시대, 미움의 시대, 이기주의의 시대다. 하지만 무엇이 올바른 것인지 답을 제시해줄 사람은 없고, 기원전의 아테네와 마찬가지로 비방과 혼란만이 가중되고 있다. 마이클 샌델 교수의 《정의란 무엇인가》가 한동안 엄청난 열풍을 일으킨 것도 그 반작용일지 모른다.

그런데 우리 사회에 지금 일어나고 있는 것과 같은 현상, 그리고 그로 인한 정의에 대한 갈망을 소크라테스는 지금으로부터 2000여 년 전에 이미 깊이 논의했다. 그 내용을 담은 것이《국가》이다. 즉《국가》는 소크라테스 식의 '정의란 무엇인가'라고 할 수 있다.

《국가》를 읽었을 때, 나는 온 몸에 돋는 전율을 느꼈다. 이유도 잘 모르면서 문장 하나하나가 마음을 사로잡았다. 선생님들께서는 그것이 새로운 것을 알아가는 재미, 젊음의 패기 같은 것이라고 말씀하셨지만, 지금 다시 생각해보면 그때 나를 흥분시켰던 것은 '정의'라는 거대하고도 강렬한 주제에 대한 수많은 의문들이 아니었나 싶다. 소크라테스와 제자들은 정의가 존재하는지, 존재한다면 명확한 형태로 규정할 수 있는지, 정의는 어째서 정의인지 등에 대해 깊고 진지한 논의를 이어나간다. 책 속에서, 또

내 머릿속에서 쏟아지는 수없는 의문은 나를 초조하고 성급하게 했다. 소크라테스가 정의에 대해서 얼마나 만족스러운 답을 내놓을지, 그가 말하는 정의란 대체 무엇인지 빨리 알고 싶어서 안달이 났었다.

하지만 소크라테스는 결코 서두르지 않았다. 그는 어디까지나 신중하게, 모두가 납득할 수 있는 정의란 무엇인가를 찾아내기 위해 제자들과 길고 긴 문답을 이어가며 차근차근 논리의 세계를 여행한다. 또한 논의를 완벽하게 하기 위해 수많은 곁가지 논의를 쌓아올렸다.

그 하나하나가 모두 서양철학사에서 중요한 의미를 가진 인류 철학의 자산이지만, 너무 방대하고 어려워서 내가 모두 이야기하기에는 어려움이 있다. 그래서 나는 나를 가장 흥분시켰던 주제, '올바름이란 무엇인가' '정의란 무엇인가'에 집중해서 《국가》를 읽어나가 보고자 한다.

1
논쟁의 시작, 정의란 무엇인가

• 《국가》 읽기 上 •

《국가》는 기원전 420년 직전, 아테네의 외항 페이라이에우스에 있는 케팔로스라는 부호의 집을 무대로 하고 있다. 그날은 여신을 위한 축제가 벌어지는 날이라 많은 사람들이 거리를 돌아다니며 축제 구경을 하고 있었다. 소크라테스 역시 제자 글라우콘과 함께 축제 구경을 하고 돌아오는 길이었는데, 유명한 부호 케팔로스의 아들 폴레마르코스가 소크라테스를 알아보고 저택으로 초대한다.

케팔로스의 저택에서는 이미 사람들이 어울려 대화를 나누고 있었다. 소크라테스는 저택에 도착하자 곧 대화의 중심이 된다. 소크라테스는 집주인 케팔로스와 환담을 나누다가 "큰 부를 지녀서 좋은 점이 무엇인가"라는 질문을 던지는데, 케팔로스는 부자일 뿐 아니라 현명한 사람이었는지 재미있는 대답을 한다.

케팔로스 : 도리와 분별을 아는 사람이라면, 부는 일생을 올바르고 경건하게 사는 데 도움이 됩니다. 부유한 사람은 어쩔 수 없이 남을 속이거나 거짓말을 하지 않아도 됩니다. 신에게 제물을 바치지 못하거나 남에게 빚을 진 것을 갚지 않고 죽는 죄를 짓지 않을 수 있지요.

케팔로스의 이 말을 계기로, 소크라테스와 사람들은 올바른 것, 즉 '정의'란 무엇인가에 관해 대화를 나누기 시작한다.

옳고 그름을 구분하는 것은 생각보다 쉽지 않다. 예를 들어 빚진 것을 갚는 것은 옳은 일이다. 또 거짓말을 하지 않고 진실을 말하는 것도 옳은 일이다. 하지만 친구에게서 칼을 빌렸는데, 그 친구가 미쳐서 사람을 죽이겠다고 칼을 돌려달라고 한다면 칼을 돌려주는 것은 옳은 일이 아니다. 그가 죽이고 싶어 하는 사람이 어디 있는지 솔직하게 말해주는 것도 옳은 일이 아니다. 소크라테스는 이와 같은 상황을 예로 들면서, 이처럼 상황에 따라 그때그때 달라지는 것이 아니라 언제나 명백하게 옳다고 할 수 있는 진정한 '정의'란 무엇인지를 밝혀내려고 한다. 사람들이 저마다 자기의 생각을 말하고 소크라테스가 그에 답하면서, 이야기는 점점 흥미진진하고 심오해진다.

적에게 해를 끼치는 것은 정의로운가, 아닌가?

폴레마르코스 : 위대한 시인 시모니데스는 각자에게 합당한 것을 주는 것이 정의라고 했습니다. 친구에게는 이익을 주고, 적에게는 앙갚음을 하는 것이 정의로운 일입니다.

먼저 토론에 나선 것은 케팔로스의 아들인 폴레마르코스였다. 그는 친구와 선한 사람에게는 선을 베풀고, 적과 악인에게는 해코지를 하는 것이 정의라고 주장한다. 그러자 소크라테스는 상대에게 '합당한 것을 준다'는 것이란 무엇인지, 그것이 어떤 영향을 미치는지에 대해 폴레마르코스와 논쟁을 한다.

소크라테스 : 당신은 좋은 친구는 잘되도록 해주되 나쁜 적은 해롭도록 해주는 것이 올바른 것이라고 말하는 거겠죠?

폴레마르코스 : 예 그렇습니다.

소크라테스 : 그렇다면 어떤 사람에게 해를 끼치는 것이 올바른 사람이 할 짓이라는 것인가요?

폴레마르코스 : 상대방이 나쁜 사람이고 적이라면 해를 끼쳐 마땅합니다.

소크라테스 : 그런데 말이나 개가 해를 입으면 더 나아지는가요, 아니면 나빠지는가요?

폴레마르코스 : 나빠지지요.

소크라테스 : 그렇다면 친구여, 사람의 경우도 같지 않겠습니까? 사람이 해를 입으면, 인간적인 덕을 더욱 잃게 되겠지요. 해를 입은 자들은 한층 더 올바르지 못한 사람들이 되지 않겠습니까?

그리고 소크라테스는 계속 질문을 던지면서 이렇게 논리를 편다. 훌륭한 음악가들이 음악을 통해 사람들의 음악적 소양을 높일 수는 있어도 낮출 수는 없고, 능숙한 기수들이 기마술을 통해 사람들이 말을 잘 타게 할 수는 있어도 서툴게 할 수는 없다. 마찬가지로 올바른 사람이 정의로운 행동을 통해서 다른 사람을 불의하게 만들지는 않는다. 그러므로 소크라테스는 친구는 물론 적이나 악인이 상대라고 하더라도, 누군가에게 해를 끼치는 것은 올바른 이의 할 일이 아니라 올바르지 못한 이의 행동이라고 말한다. 이렇게 차근차근 논리를 펴 나가면서, 소크라테스는 폴레마르코스를 완전히 설복시킨다.

소크라테스 : 각자에게 갚을 것을 갚는 것이 올바르다고 주장하면서 적에게는 해를 입히라고 하는 이가 있다면 그 사람은 결코 현명한 이가 아닐 것이오. 누구에게 해를 입힌다는 것은 그 어떤 경우에도 올바른 것이 아니라는 것이 우리에게 있어 명백해졌으니 말이오.

폴레마르코스 : 동의합니다.

정의는 지배자의 이익에 따르는 것인가?

그런데 이 순간, 한 사람의 소피스트가 거친 어조로 논의에 끼어든다.

트라시마코스 : 두 분께서는 아까부터 무슨 그런 허튼 소리에 매달려 있지요? 소크라테스 선생이 정의가 무엇인지 정말로 알고자 하신다면, 그렇게 질문만 하면서 상대가 대답을 하면 그걸 논박하면서 뽐내지 마세요. 그리고 선생이 직접 정의가 무엇인지 대답해 보시죠.

트라시마코스는 소아시아 쪽에 있는 도시 칼케돈 출신의 유명한 소피스트로, 소크라테스와 폴레마르코스와의 대화에 끼고 싶어 안달이 나 있었다. 소크라테스는 트라시마코스의 모욕적인 말투에도 침착하게 대응한다. 그리고 정의가 무엇인지 알고 있다면 모두에게 가르쳐 달라고 트라시마코스에게 공손하게 청한다.

하지만 트라시마코스는 전부터 소크라테스를 좋지 않게 생각했던 모양이다. 소크라테스는 '산파술'이라고 불리는 토론법으로 상대에게 계속 질문을 던지면서 깨달음을 심화시켜나가곤 했는데 트라시마코스는 그 점을 가지고 소크라테스를 공격했다. 스스로는 대답을 하지 않으면서 남을 붙들고 논박하고, 자신은 가르침을 주지 않으면서 남들에게 배우기만을 바라며 감사할 줄도 모른다는 게 그의 말이었다.

그러자 소크라테스는, 사례할 돈은 없지만 훌륭한 가르침을 받으면 최대한의 칭찬으로 답하겠다며 다시 한 번 트라시마코스에게 가르침을 청한다. 소크라테스를 공격하고 나서기는 했지만 애초에 토론의 중심이 되는 것이 목적이었던 트라시마코스는 의기양양하게 이야기한다.

트라시마코스 : 들으십시오! 나는 정의란 '강자에게 이익이 되는 것' 외에 다른 어떤 것도 아니라고 주장합니다. 자, 소크라테스 선생, 왜 그대는 칭찬을 해주지 않지요? 칭찬해주고 싶지 않은 게로군요?

트라시마코스는, 민주제든 참주제든 강자가 정권을 잡고 나라를 다스리고 모든 정권은 자신에게 유리하게 입맛대로 법을 제정한다고 말한다. 법을 제정할 때 지배자들은 자신들에게 이익이 되도록 법을 정하고 이것을 정의라고 부른다는 것이다. 그리고 위반하는 사람은 범법자로 처벌한다. 이것이 트라시마코스가 '정의란 강자의 이익'이라는 주장 아래에 하는 이야기다. 트라시마코스의 설명은 충분히 일어날 수 있는, 또 현실에서 실제로 일어나고 있는 일이다.

트라시마코스 : 지배자들은 자신들에게 이익이 되는 것을 정의라고 공

표하고는, 이를 위반하는 자를 범법자로 처벌하지요. 어떤 나라에서든지 정권에 이익이 되는 것, 즉 더 강한 자의 이익이 정의가 되는 것입니다.

그러나 소크라테스는 여기에 찬성하지 않는다. 그는 정의가 '이익이 되는 것'이라는 데에는 동의하지만, 그것이 통치자의 이익을 위한 것이라는 데는 찬성하지 않는다. 그러면서 그는 정의로운 통치가 어떤 것인가를 말하기 위해 '통치란 무엇인가'에 대해 먼저 짚고 넘어간다.

소크라테스 : 의술이란 의사에게 이익이 되는 것이 아니라 환자의 몸에 이익이 되는 것이 아닐까요? 배의 선장이 키를 잡고 선원들을 통솔하는 기술 역시 항해를 하는 선원들에게 도움이 되는 기술이 아닐까요? 트라시마코스 선생, 모든 기술이란 그것이 관여하는 바로 그 대상을 관리하고 지배하오.

트라시마코스 : 그렇기는 합니다.

소크라테스 : 어떤 전문적인 기술도, 강자의 편익을 생각하거나 지시하는 것이 아니라, 오히려 더 약한 자, 관리받는 자의 편리와 이익을 생각하며 지시합니다. 모든 지배자, 통솔자는 자신에게 이익이 되는 것이 아니라 다스림 받는 쪽에 이익이 되는 것을 행하는 것입니다.

소크라테스는 나라의 지배자가 일종의 유능한 전문가라는 관점에서 논의를 진행한다. 유능한 선장은 자신의 선원들이 안전하게 항해할 수 있도록 하는 데 힘을 쓰고, 유능한 기장은 승객들이 안전하게 목적지에 도착할 수 있도록 힘을 쓴다. 따라서 제대로 된 통치자라면 자신에게 이익이 되는 일에 힘을 쏟는 것이 아닌 시민들에게 도움이 될 수 있는 일에 힘을 기울인다. 결국 소크라테스의 논리에 따르면 정의로운 통치란 강자의 이익이 아닌 약자의 이익, 시민의 이익이 되는 것이다. 소크라테스가 이상적인 치자의 모습을 두고 정의를 설명하고 있음을 알 수 있다.

그러나 트라시마코스는 이 논리에 굴하지 않는다.

트라시마코스 : 선생은 양치기나 소치기들이 양이나 소의 이익을 위하여 이들을 살찌게 하고 돌본다고 생각합니까?

그는 양치기나 소치기가 과연 양과 소의 이익을 생각하여 그들을 돌보는 것이냐고 반문한다. 양치기와 소치기가 양과 소를 돌보는 이유는 오로지 그들의 이익을 생각하기 때문이라는 것이다. 트라시마코스는 마찬가지로 치자들이 우리와 같은 피치자들을 다스리는 것은 통치행위를 함으로써 자신의 이익을 추구하기 위해서라고 주장한다. 즉, 통치자들은 밤낮없이 시민들을 이용할 궁리를 하고 있으며 이를 통해 정의는 언제나 강자의 편이라는 것을 증명할 수 있다는 것이다.

반면에 소크라테스는 훌륭한 사람들이 돈과 명예만을 쫓아 통치하려고 하지는 않는다고 주장했다. 훌륭한 통치자들은 돈을 받고 지배를 해서 '고용인'의 입장이 되기를 원하지도 않고, 권력을 이용해서 자기 배를 불리고 공금을 횡령하여 '도둑'이라고 불리기도 원하지 않을 것이라고 말했다. 소크라테스는 트라시마코스의 주장과는 반대로, 양치기 기술의 유일한 핵심이자 진정한 양치기의 관심사는 양 떼에게 최선의 상태를 제공하는 것이라고 말한다.

대신 소크라테스는 양치기가 양을 쳐서 얻는 이득, 통치자들이 통치를 해서 얻는 이득을 '보수 획득술'이라는 개념을 통해서 설명한다. 고대 아테네에서는 공직자들의 보수가 없었지만, 소크라테스 시대에는 배심원, 500인 평의회 의원 등의 공직자들에게 수당을 주었다. 결국 지배당하는 쪽에서 치자를 위해 수당을 지불해주는 것이다. 의사, 음악가 등 다른 전문직도 마찬가지다. 자신의 재능을 자신만을 위해 사용할 경우, 이익은 나에게 속하지만 만일 공직에 사용하게 되면 지배받는 사람들의 이익을 위해 헌신하는 것이 아닌가? 의사는 의술을 제공하여, 선장은 항해의 안정을 제공하여, 치자들도 비치자들을 다스리는 데 상응하는 보수가 주어져야 한다. 즉 양치기가 양을 치는 기술은 양을 위한 것이고, 양치기가 양을 쳐서 얻는 이득은 보수 획득술이라는 별개의 기술에서 비롯했다는 것이 소크라테스의 설명이다.

이 논리에 의해서, 지배자가 자신의 이득을 위해 지배를 당하는 사람들의 이익을 뺏는다는 트라시마코스의 이야기는 설득력을 잃게 된다. 결국 정의는 강자의 이익이라는 트라시마코스의 논리가 잘못되었음을 알 수 있다.

소크라테스는 정치가가 되려고 하는 제자 알키비아데스에게 이렇게 말한 일이 있다. "지도자는 사회 구성원들이 자신의 역할을 가장 잘 실천할 수 있도록 자극하고 도와주는 것이 최선이며, 개개인이 훌륭함을 추구할 수 있게 해야 한다." 트라시마코스의 논리처럼 강자가 약자에게서 이익을 가져감으로써 정의를 세우는 것이 아니라, 사회 구성원 각자가 최대한 자신의 일을 잘할 수 있도록 하는 것이 소크라테스가 생각하는 통치자의 역할이며 이상적인 통치의 본질임을 우리는 알아야 한다.

정의가 이득인가, 불의가 이득인가?

소크라테스는 통치자의 본질을 규정하면서 트라시마코스의 논리의 허점을 보여준다. 그러자 트라시마코스는 이에 포기하지 않고 또 다른 주장을 제기한다. 소크라테스가 말하는 '올바른 것'이란 결국 강한 자와 남들에게 이익이 되는 것일 뿐 올바른 사람 자신에겐 손해가 될 뿐이라고 말이다.

트라시마코스 : 올바른 것이란 강한 자와 통치자의 편익이 되고, 복종하며 섬기는 자에게는 오히려 해가 되는 것입니다. 오히려 올바르지 못한 자들이 순진하고 올바른 자들을 조종하지요. 올바른 자와 올바르지 못한 자가 계약을 맺으면 항상 올바르지 못한 자가 이익을 더 많이 가져가는 것을 보셨을 것입니다. 세금을 낼 때도 정의로운 사람은 정직하게 많이 내지만, 올바르지 못한 사람은 재산을 숨기고 덜 냅니다.

트라시마코스는 계속 정의로운 사람의 불이익을 열거한다. 이들이 관직을 맡는다면 성실히 수행하기 때문에 집안 살림은 더 어려워질 것이며, 친척들과 친지들의 청탁도 들어주지 않기 때문에 많은 이들에게 미움을 살 것이다. 그러나 불의한 자는 다르다. 세금은 더 적게 낼 수 있고 관직을 맡는다면 공금횡령을 통해 더 많은 부를 축적함으로써 행복하고 윤택한 삶을 살 수 있게 되며, 친척들과 친지들을 부당하게 도와주어 많은 이들에게 칭찬을 들을 수 있다는 것이다.

그래서 그는 결국 올바르지 못한 짓을 한 자는 행복해지고, 올바른 일을 한 자는 비참하고 불행해진다는 결론을 낸다. 그는 사람들이 도둑질이나 납치 같은 불의를 처벌하고 비난하기는 하지만, 그것은 불의를 행하는 것이 두려워서라기보다는 불의를 당하는 것이 두렵기 때문이라고 말한다. 그리고 전쟁과 같이 대규모로 저질러지는 불의는 오히려 칭송의 대상이 된다고 말한다. 결국 정의는 강자에게 유익할 뿐 약자에게는 해가 되는 것인 반면에 불의는 개개인에게 이롭고 유익한 것을 제공해줄 수 있다는 것이다.

그러나 소크라테스는 이에 찬성하지 않았다. 그는 훌륭한 자, 지혜로운 자, 강한 자는 올바름 없이는 그런 미덕을 갖추지 못한다고 믿었다. 소크라테스는 아무리 불의한 자들이라도 그 안에는 약간의 정의가 깃들어 있다고 생각했다. 설령 불의를 저지르는 강자라도, 자신이 지닌 약간의 정의에 힘입어 성공을 할 수 있고 강자가 될 수 있었을 것이라고 추론했다.

소크라테스 : 나라나 군대, 강도단이 뭔가 정의롭지 못한 일을 공동으로 도모한다고 합시다. 이들이 자기네들끼리도 정의롭지 못한 일을 저지른다면, 그들의 목적을 수행할 수 있을까요?

트라시마코스 : 물론 해낼 수 없습니다.

소크라테스 : 만약 자기네들끼리는 서로 올바르게 행동한다면 한결 더 잘 해낼 수 있지 않겠소?

트라시마코스 : 물론입니다.

소크라테스 : 트라시마코스 선생, 어쩌면 그건 불의는 서로간에 대립과 증오 및 다툼을 가져다주지만, 올바름은 합심과 우애를 가져다주기 때문일 것이오. 그렇지 않소?

트라시마코스 : 그렇다고 해 두죠.

소크라테스가 말하는 불의의 불이익은 그것뿐이 아니다. 불의는 사람과 사람 사이에 반목과 불화를 만들 뿐 아니라, 불의한 사람 자신 안에서도 불화와 반목을 일으킨다는 것이다.

> 소크라테스 : 첫째로, 그것은 당사자로 하여금 자기 자신에 대해 갈등이 생기게 하고 한 마음이 되지 못하게 함으로써 아무것도 해낼 수 없도록 만들 것이오.
> 둘째, 그는 자기 자신에 대해서도 올바른 사람에 대해서도 적이 되고 말 것이오.
> 셋째, 신들도 어쨌든 올바르겠지요? 그러면 올바르지 못한 자는 신들과도 적이 되겠지만, 올바른 이는 신들과 친구가 되겠소그려.

결국 트라시마코스는 자신의 거의 모든 주장과 논거가 반박당함으로써 더 이상 자신의 논리를 펴기 어려워지고 만다. 소크라테스는 올바른 사람은 훌륭하게 잘 살고 행복할 것이며, 올바르지 못한 사람은 불행할 것이므로 결국 올바름이 이익이고 불의는 불이익임을 논증하며 트라시마코스와의 대화를 마친다.

소크라테스와 트라시마코스의 토론은《국가》안에서도 큰 중요성을 가진 부분이며, 내가 특히 좋아하고 중요하게 생각하는 부분이기도 하다. 나는 아직도 그 부분을 처음 읽었을 때를 잊지 못한다. 정의란 강자를 위한 것이라는 트라시마코스의 주장과, 거기에 침착하게 대응하는 소크라테스를 보며 나는 전율을 느꼈다.

정의란 강자를 위한 것인가, 아닌가. 누구의 말에 공감이 가는가? 나는 솔직히 처음 글을 읽는 동안에는 트라시마코스의 말에 공감하고 있었다. 현재 우리의 현실을 생각하면 트라시마코스의 주장은 좀처럼 반박하기 힘들다. 우리가 보는 정치, 경제, 문화가 트라시마코스의 말 안에서 벗어나지 않고 있는 듯하다. 그의 말은 현실적이며, 우리가 살면서 겪는 문제점을 데스마스크처럼 그대로 본떠와 설명하고 있는 듯하다.

하지만 우리는 트라시마코스가 매우 부정적인 인식의 공간으로 우리를 유도하고 있음을 알아야 하지 않을까. 나는 트라시마코스의 주장이 아무런 해결책을 제시하지 못하고 있고, 주장을 위한 주장, 허울뿐인 주장이라 생각했다. 설령 정의가 강자의 이익처럼 보인다고 해도, 우리가 그에 따라야 하는가? 그렇지는 않다. 우리는 강자에게만 이익이 되는 상황을 고치기 위한 방법이 무엇인지 고민해야 할 것이다.

어쩌면 트라시마코스가 인식하는 세상이 지금 우리의 세계를 지배하고 있는지도 모른다. 어차피 강한 사람들이 자신의 이익만을 추구한다고 생각하면, 우리는 우리가 할 수 있는 일이 없다고 느끼게 된다. 이런 인식은 정의의 본질에 회의를 가지게 하고, 올바름에 대해 비관적으로 생각하게 만든다. 이것은 당시 아테네 시민들의 인식과 다름이 없다. 페르시아의 잔악무도한 침략이 아직도 마음속에 생생하고, 민주정과 과두정의 끊임없는 싸움은 사람들을 지치게 만들었다. 돈에 눈이 먼 소피스트들은 헛된 진리를 전파하며 정의의 본질을 가리고자 했다. 정의란 무엇인가, 질문하는 목소리도 답하는 목소리도 점차 회의적으로 변해갔다. 사람들은 자문하고 있었다. 모두를 이롭게 하는 정의란 존재하지 않는 게 아닐까. 그때, 소크라테스가 등장했다. 그리고 당당하게 외쳤다. "그렇지 않다! 정의는 존재한다!"라고.

우리의 눈으로 보기에는 무엇이 옳은가? 아무리 지금의 현실에 트라시마코스의 주장이 맞아 떨어진다 해도, 소크라테스의 말이 당연하지 않을까? 소크라테스가 이후 한 마디 한 마디 내뱉는 말은 트라시마코스에게만 하는 것이 아닌 지금 우리가 당면해 있는 이 사회에 외치는 것과 같다.

종종 사람들은 소크라테스의 말이 이상일 뿐, 현실은 이미 트라시마코스의 주장처럼 강자의 힘에 의해 움직이고 있다고 주장한다. 하지만 나는 트라시마코스의 주장은 단지 '알맹이 행세를 하는 껍데기'에 불과하다고 생각한다. 본질은 바뀌지 않는다. 소크라테스 역시 트라시마코스의 주장에서 껍데기를 발견했을 것이고, 논쟁으로 그 껍데기를 벗겨낸 것이다.

2
'국가' 속에서 정의를 찾아 나서다

• 《국가》 읽기 中 •

소크라테스는 트라시마코스와의 논쟁을 통해 트라시마코스가 주장하는 '강자의 이익'이 정의의 모습이 아님을 밝혀낸다. 그러나 논의가 속시원한 진전을 보인 것은 아니다. 정의란 대체 무엇인지에 대해서는 이야기가 나오지 않았기 때문이다. 소크라테스 역시, 확실한 답을 내리지 못한 듯하다. 트라시마코스와의 논쟁에서 그가 비록 정의를 되찾았다고 했지만, 그 되찾은 정의가 도대체 무엇인지 알지 못하는 상황이었다.

소크라테스 : 우리는 처음에 정의가 무엇인지 검토하기 시작했으나, 해답을 찾아내기도 전에 그 문제는 버려두고 정의가 악덕이자 무지인지

아니면 지혜이자 미덕인지 서둘러 물었네. 그래서 나는 우리의 논의를 통해 더 알게 된 것이 아무것도 없네. 정의가 무엇인지 모르는 한, 정의가 미덕인지 아닌지, 정의를 지닌 사람이 행복한지 아닌지 나로서는 알기가 어렵기 때문일세.

게다가 해결되지 않은 문제는 이것만이 아니었다. 옆에서 열심히 토론을 듣고 있던 소크라테스의 제자이자 플라톤의 형, 글라우콘은 트라시마코스와의 토론으로부터 세 가지 의문을 가지게 된다. 첫째는 다음과 같다.

글라우콘 : 사람들은 불의를 행하기도 하고 불의를 당하기도 해본 다음, 세상에 불의가 횡행하면 불이익은 피할 수 없고 이익은 취할 수 없다는 것을 알게 되었다고 해요. 그래서 불의를 행하지도 않고 당하지도 않기로 서로 협정을 맺는 것이 자기들에게 이익이 된다고 생각한 것이지요. 이에 사람들은 법을 제정하고 협정을 체결하며 법으로 정해진 것을 '합법적이다', '올바르다'라고 표현하게 되었는데, 이것이 정의의 기원이자 본질이라고 합니다.

위의 글라우콘의 첫 번째 반문은 한마디로 '정의는 타협의 산물이다'라고 줄일 수 있다. 일종의 사회계약설처럼 보이기도 한다. 일리 있는 주장이기는 하지만, 사람들이 서로의 안전을 추구하기 위해 불의를 피한다는 이 주장은 정의를 상대적인 것, 이익을 추구하기 위한 수단으로 격하시킨다. 사람들이 마음에서 우러나와서가 아니라 피해를 입지 않기 위해 어쩔 수 없이 정의를 추구하는 것뿐이라는 이야기다. 결국 이 주장이 사실이라면, 정의는 인간의 본성이라는 소크라테스의 믿음은 부정되고 만다.

글라우콘 : 모습을 보이지 않게 해주는 요술 반지가 두 개 있어서 하나는 올바른 사람이, 다른 하나는 불의한 자가 꼈다고 가정해 보세요. 그는 시장에서 무엇이든 들키지 않고 훔칠 수 있고, 아무나 마음대로 죽이거나 풀어줄 수 있고, 신처럼 행동할 수 있어요. 어떤 행동을 하든 처벌을 받지 않는다면 결국 올바른 사람이나 불의한 사람이나 똑같이 행동하지 않을까요? 사람들은 불의를 행할 수 있겠다 싶으면 어디서나 불의를 행하니까요. 개인에게는 불의가 정의보다 훨씬 더 이익이 된다고 누구나 다 그렇게 믿고 있어요.

글라우콘의 두 번째 반문은 '정의는 불가피하기에 마지못해 실행될 뿐이다'라는 주장을 함축하고 있다. 이것은 첫 번째 주장을 뒷받침하는 논거로 자리 잡게 된다. 만일 한 사람이 사회계약에 지배받지 않고 불의를 통해 세상을 지배할 수 있다면, 마땅히 그렇게 할 것이라는 주장이다. 한 마디로 트라시마코스의 주장처럼 불의가 두려워서 불의를 비난하는 것이지 불의를 행하기를 원치 않아서 비난하는 것이 아니라는 말이다.

글라우콘 : 누구보다도 불의한 사람이고, 무척 불의한 짓을 저지르면서도 사람들로부터 정의롭다는 평을 받는 사람이 있다고 해 보지요. 또 반대로 누구보다도 정의로운 사람이 있는데, 그는 남들에게 훌륭한 사람으로 보이는 것이 목적이 아니기 때문에 훌륭한 삶을 사는데도 완전히 악당이라는 평을 듣는다고 해 봅시다. 이 정의로운 사람은 과연 나쁜 평판과 그것에 따르는 결과에 끄덕하지 않을 수 있을까요?

글라우콘의 세 번째 의문은 '정의가 바람직한 까닭은 보답 때문이며, 그 보답은 겉으로 정의로운 것처럼 보여야만 받을 수 있다'라고 줄일 수 있다. 이것은 정의로운 사람은 불행하고 불의한 사람은 행복하다는 트라시마코스의 주장을 크게 벗어나지 못한 주장이다. 그리고 이와 동시에 정의란 것은 본질적인 것이 아니라 껍데기만으로도 충분하다는 의미도 담고 있다.

위와 같은 글라우콘의 반문은 소크라테스를 크게 당황하게 한 듯싶다. 소크라테스는 쉽게 답을 하지 못하고 이렇게 말했다.

소크라테스 : 나는 글라우콘이 한 말에 이미 나가떨어져서, 정의를 구원할 여력이 없다네.

위대한 철학자 소크라테스가 '모르겠다' 하고 두 손 두 발을 다 든 셈이다. 하지만 소크라테스가 주춤한 것도 잠시, 다른 제자 아데이만토스가 간청한다.

아데이만토스 : 당찮은 말씀! 존경하는 소크라테스 선생님! 선생님께서는 이러한 이야기들을 들었을 때 젊은이들의 혼이 어떻게 반응하리라고 생각하세요? 가장 훌륭한 삶을 살기 위해서는 어떤 사람이어야 하고 어떤 길을 가야 하는지 생각하는 젊은이들 말이에요. 젊은이들이 자문하겠지요. '어떻게 해야 높이 올라가지? 정의가 도움이 될까? 아니면 기만이 도움이 될까?' '아무리 내가 올바르게 살아도 남들이 그렇게 여기지 않는다면 아무 소용도 없어. 반면 내가 불의해도 올바르다는 명성을 얻으면 내게는 신과 같은 삶이 약속되어 있어.'
그러니 선생님, 우리에게 정의가 불의보다 더 낫다는 것을 증명해주세요. 그리고 부디, 정의와 불의가 그것을 행하는 사람에게 어떤 영향을 주기에 하나는 그 자체로 나쁜 것이고, 다른 하나는 그 자체로 좋은 것인지도 설명해주세요.

이제까지의 토론을 듣고 젊은이들이 정의를 불신하게 될 것이라는 아데이만토스의 말은 소크라테스의 마음을 아프게 했을 것이다. 그는 젊은이를 각별하게 아꼈다. 그에게 내려진 고소장에 '젊은이들을 타락시킨 죄'가 들어간 이유는 그의 밑에 수없이 많은 젊은이들이 있었기 때문이었다. 소크라테스는 젊은이들이 진정한 철학자가 되기를 바랐고, 정의를 실천하기 바랐다. 젊은이들이 정의에 대한 믿음을 잃고, 불의의 유혹에 빠져들어 가는 상상은 그로서는 참으로 끔찍한 것이 아니었을까. 그래서 소크라테스는 다시 정의에 대한 탐구에 나서기로 한다.

소크라테스 : 나는 정의를 구원할 수 없네. 그렇다고 정의를 구원하지 않을 수도 없네. 정의가 모함을 받는데, 아직 숨을 쉬고 말을 할 수 있으면서도 수수방관하며 정의를 구원하기를 거부한다는 것은 불경한 짓이 아닐까 두렵기 때문이네. 그러니 나로서는 있는 힘을 다해 정의를 구원하는 것이 상책일세.

진정한 정의가 존재하며 가치 있다는 것을 증명하고, 진정한 정의가 무엇인지 밝혀내는 것은 소크라테스가 참으로 하고자 한 것이었지만, 그것이 쉽사리 이루어지는 일은 아니었다. 그래서 소크라테스는 글라우콘의 물음에 곧바로 답하기보다 단계를 밟아가기로 한다.

소크라테스 : 정의란 개개인의 것으로도 존재하지만, 나라 전체의 정의도 존재한다고 할 수 있지 않을까?

아데이만토스 : 그럴 것입니다.

소크라테스 : 한 개인보다 한결 커다란 나라에서는 정의도 더 큰 규모로 존재할 것이고, 알아내기도 더 쉬울걸세. 자네들이 괜찮다면 먼저 나라에 있어서 정의란 무엇인지를 탐구하도록 하세나. 그런 다음에 개인의 정의와 국가의 정의의 유사성을 검토해 보세.

아데이만토스 : 훌륭한 생각입니다.

그래서 소크라테스는 제자들과 함께 가상의 '나라'를 하나 상정하고, 이상적인 나라가 무엇인지를 고민해 보기로 한다. 이상적인 나라는 정의롭게 운영되는 곳일 터이고, 그곳이 어떻게 운영될 것인지를 밝혀낸다면 정의가 무엇인지도 알 수 있을 거라는 것이 소크라테스의 생각이었다. 그래서 소크라테스는 올바른 나라가 되려면 무엇이 필요한지 검토하면서 무엇이 올바름인지를 차례차례 짚어간다. 그것이 바로 책의 이름이《국가》가 된 이유다.

물론 이 책에서 말하는 국가는 지금의 국가와는 규모나 형태가 전혀 다르다. 당시 아테네를 비롯한 그리스의 폴리스들은 국가라기보다는 작은 도시 공동체에 가까웠으며, 경제 규모도 매우 작았다. 그러므로 여기서 말하는 이론이나 철학을 현재의 국가 개념에 대입하거나, 오늘날의 대한민국에 그대로 적용할 수는 없을 것이다. 하지만 그 본질, 즉 사회를 움직이고 있는 본질에 비추어 따져 볼 수는 있지 않을까 생각한다.

이상의 국가에서 정의의 참모습을 찾다

소크라테스는 논의의 시작에서 국가의 본질을 굉장히 명료하게 꿰뚫는다. 사람들이 모여 국가를 만드는 것은 한 사람 한 사람이 자족하지 못하고 여러 가지를 필요로 하기 때문이다. 즉 사람들의 '필요'가 국가를 수립시킨다는 것이다. 그러므로 국가의 할 일은 자연스럽게 구성원들의 필요를 채워주는 것이 된다.

소크라테스가 구상한 이 가상의 국가는 최소한의 의식주를 만족시키기 위한 직업을 가진 4~5인의 공동체에서부터, 점차 크고 복잡한 나라로 발전해 나가게 된다. 농부, 장인, 상인, 의사……. 사람들이 많은 것을 필요로 할수록 나라는 커지고 복잡해진다. 시장과 화폐제도가 생기고, 나라를 지킬 군인들과 사람들을 다스릴 통치자들도 필요해진다.

소크라테스는 이렇게 복잡해진 나라가 올바르게 운영되려면 어떤 사람들과 시스템들이 필요한지, 수호자나 통치자와 같은 특별한 역할을 맡은 사람들을 어떻게 교육해야 하는지 등에 대해 제자들과 기나긴 논의를 한다. 하지만 상당히 방대하고 어려운 이야기이기에 앞서 말한 대로 이 책에서는 '정의'에만 초점을 맞추고자 한다.

정의로운 나라에 무엇이 필요한지를 말하기 전에, 소크라테스는 어떤 나라가 정의로운 나라인지 짚는다.

소크라테스 : 우리가 이상의 나라를 수립함에 있어서 명심할 것은 특정한 소수 집단이 특히 행복하게 되도록 하는 것이 아니라, 시민 전체가 최대한으로 행복해지도록 하는 것이야. 그런 나라에서 정의를 가장 잘 찾아볼 수 있는 반면, 가장 나쁘게 경영되는 나라에서는 불의를 찾아볼 수 있을 것일세.

즉 트라시마코스가 말한 것처럼 강자만이 이익을 얻는 세상은 소크라테스가 생각하는 이상 국가와는 아주 멀 것이다. 소크라테스가 생각하는 국가란 사람들의 필요가 잘 충족되면서, 시민 전체가 최대한 행복해지는 국가이다.

그리고 소크라테스는 이런 이상 국가라면, 지혜, 용기, 절제, 정의와 같이 훌륭한 나라에 필요한 덕목들이 잘 나타나 있을 것이라고 말한다. 그리고 그 각각이 무엇인지 밝혀낸다면, 정의 역시 무엇인지 알아낼 수 있을 것이라고 말한다.

소크라테스 : 우리가 네 가지 가운데 한 가지를 찾고 있다고 가정해 보게. 우리가 그중 한 가지를 먼저 발견한다면 그것으로 충분하네. 그러나 우리가 다른 세 가지를 먼저 발견한다면 결과적으로 우리가 찾고 있는 한 가지를 알아낸 것이나 다름없네. 남은 것은 분명 우리가 찾고 있는 것일 수밖에 없으니까.

그리고 소크라테스는 국가에 필요한 '지혜'와 '용기' 그리고 '절제'가 무엇인지를 차례차례 밝혀낸다.

소크라테스 : 우리가 생각하는 이상 국가는 정말로 지혜로운 나라일 것이야. 그건 이 나라가 분별이 있기 때문이 아니겠는가?

아데이만토스 : 그렇습니다.

소크라테스 : 그리고 이 분별은 무지함이 아니라 어떤 앎일 것일세. 그런데 나라에는 많은 종류의 지식이 있지 않는가. 목수의 지식, 대장장이의 지식, 농사의 지식……. 이런 앎이 있으면 지혜로운 나라인가?

아데이만토스 : 결코 그렇지는 않습니다. 목공에 밝은 나라, 농사에 밝은 나라가 될 뿐이지요.

소크라테스 : 그러면 어떤 앎이 있어야 지혜로운 나라인가?

아데이만토스 : 통치자들에게 지혜가 있어야 분별 있고 슬기로운 나라라고 할 것입니다.

소크라테스는 이런 식으로 문답을 하여 이상 국가의 네 가지 미덕 중 '지혜' '용기' '절제'를 차례차례 찾아낸다. 통치자가 현명하게 정치와 외교를 하려면 지혜가 있어야 하고, 군인들이 나라의 법에 대한 신념을 굳게 지키며 복무하기 위해서는 용기가 필요하다. 또한 시민 전체가 한마음이 되어 공동체의 합의를 지켜나가기 위해서는 절제가 필요하다.

그렇다면 남은 한 가지, 우리가 가장 알고 싶어 하던 '정의'는 무엇일까? 이상 국가가 올바로 운영되기 위해서 통치자의 지혜, 군인들의 용기, 시민들의 절제 외에 필요한 남은 한 가지는 무엇일까?

소크라테스는 이 답이 아주 당연한 것인데 그동안 멀리서 찾고 있었다면서 고민해온 정의의 실체를 밝힌다.

소크라테스 : 우리는 이 나라를 수립하기 위해 각자 자기에게 천성적으로 적합한 한 가지 일에 종사해야 한다고 말했네. 그러니 여보게나, 이것이, 즉 '제 일을 하는 것'이 바로 올바름인 것 같네. 나라를 훌륭하게 꾸려나가는 데 있어서, 나라에 사는 사람들이 각자 제 일을 하는 것이 이바지하는 힘은 이 나라의 지혜와 절제 그리고 용기에 필적할 것으로 여겨지네.

소크라테스는 사람마다 타고난 적성이 있으며, 이에 따라 각자 직업을 갖는 것을 전제로 가상 국가를 설정했다. 그리고 그 '적성에 맞는 일 한 가지에 열심히, 책임 있게 종사하는 것'을 국가의 근본을 이룰 수 있는 정의로 꼽았다. 돈벌이를 하는 사람이 전사의 일을 하려 들거나, 군인이 통치자가 되려 하거나, 자기 일에 매진하지 않고 다른 일에 관여한다면 그것은 나라의 해를 끼친다는 게 소크라테스의 생각이었다.

소크라테스가 이끌어낸 이 결론을 언뜻 보았을 때, 솔직히 내가슴에는 허무한 느낌이 확 밀려왔다. 기껏 각자 제 할 일을 하는 것, 이것이 정의란 말인가? 왜 이것이 정의일까?

더군다나 통치자가 될 사람과 목수가 될 사람이 타고난 적성에 따라 정해지고, 다른 일을 해서는 안 된다니 이런 것은 현대 사회의 관점으로 보면 터무니없는 이야기가 아닐까? 어떻게 보면 반민주주의적이고, 계급주의적으로 느껴지기도 한다.

그가 아테네에게 미움을 받았던 이유도 이 때문일지도 모른다. 사람들에게 정해진 미덕이 있다니? 아니, 정해진 사람만이 지도자가 된다니? 이것은 당시 민주주의를 가장 값지게 여긴 아테네 시민들에게는 참으로 불편한 정의였을 것이다.

하지만 우리는 소크라테스의 주장을 좀 더 면밀히 살펴볼 필요가 있다. 각자의 일이 정해진다는 얘기는 곧, 각자의 일에 충실하자는 생각일 것이다. 사람은 분명 잘할 수 있는 것이 있다. 어떠한 것이 되었든 자신에게 주어진 소질은 있다. 소크라테스는 이것을 언급한 것이 아닐까 싶다.

특히 '나라란 서로의 필요를 채우기 위한 것'이라는 처음의 정의를 생각하면, 그리고 소크라테스가 정의의 본질을 탐구하기 위해 이상적인 국가를 설정하고 논의하고 있다는 것을 생각하면 좀 더 이해가 잘 간다. 소크라테스는 각자의 능력에 맞게, 가장 적합한 사람이 가장 적합한 일을 해야 최선의 상태를 발휘할 수 있다고 생각한 것이다. 이렇게 볼 때 직분에 대한 소크라테스의 논의는 있는 그대로 해석하기보다는 조금 물러서서 바라보아야 할 필요가 있지 않을까 생각한다.

소크라테스는 각자에게 주어진 능력, 즉 미덕이 있다고 생각했다. 따라서 그 미덕에 따라 직업이 선택되어야 하며, 그것이 탁월함, 즉 덕을 발휘하는 길이라 생각했다. 미덕이란 개념은 우리에게 약간 생소할 수 있지만, 각자 자기가 할 수 있는 일을 하는 것. 전문성을 갖고 책임 있게 종사하는 것이 소크라테스가 주장한 정의였다. 내가 농구를 잘 한다면, 농구를 하는 것이 가장 바람직한 선택이 될 것이다. 농구를 잘 하는데 회계사나 판사가 유망하다고 그런 직업을 선택하는 것은 그 자신에게도 힘든 길이 될 뿐만 아니라 개인이 가지고 있는 탁월함을 발휘하지 못하는 것일 수도 있다. 요즘 표현대로 하면, 무조건 돈 많이 버는 직업보다는 각자의 흥미와 적성에 맞는 꿈을 찾아 최선을 다하는 것이 좋다는 것으로 이해할 수도 있다.

또한 자신의 영역에 충실하고 다른 영역에 참견하지 말라는 것도 다르게 해석해 볼 수 있다. 예를 들어 아직 공부 중인 학생이 정치를 하겠다고 정치권에 뛰어든다면 제대로 할 수 있을까? 그렇지 않을 것이다. 학생은 아직 정치를 할 만한 경험과 지혜가 없기 때문이다. 무역에 전문성을 가진 사람이 복지 업무에 참견해서 중요한 결정권을 행사한다면 운영이 제대로 될까? 또 교사가 주식에 정신이 팔려서 학생들을 가르치는 일을 소홀히 한다면 옳은 일일까? 공무원이 뒷돈을 받고 어떤 기업에게 특혜를 베푼다면, 자신의 일에 충실한 것인가? 그렇지 않다. 사람들은 자신이 잘 알고 잘 할 수 있는 일에 전념할 때 공정성과 전문성을 가지고 충실히 일할 수 있다. 이 예시들이 소크라테스가 생각한 그리스 이상 사회에 딱 들어맞지는 않겠지만, 이렇게 생각해 보니 소크라테스의 생각을 이해하는 데 어느 정도 도움이 되었다.

소크라테스는 각자가 자신의 일에 충실하고, 자신의 능력과 재능에 맞게 일을 한다면 국가는 제일 효율적인 상태로 운영될 것이라 생각했다. 그가 말하고자 하는 정의는 어려운 것이 아니었다.

철인에게서 정의로운 사람의 참모습을 찾다

소크라테스는 이상적인 국가의 실현이 어렵다고 하더라도, 그것이 어떤 것인지 알아보고 개념을 정립하는 것 자체는 여전히 의미 있고 유효한 일이라고 말했다. 최소한 우리는 이상에 다가가고자 노력을 할 수 있으며, 그런 모델을 가진 국가는 더 좋은 곳이 될 터이기 때문이다.

그런 면에서 소크라테스는 일종의 '철인 정치'를 꿈꾸었던 것 같다. 소크라테스의 이상 국가에서 통치자는 다른 전문 직업인과는 다른 차원의 탁월한 지혜를 지니고 있어야 했다. 그리고 소크라테스의 생각에 이 특별한 지혜를 지니는 자는 다름 아닌 항상 지혜를 추구하는 자, 철학자였다. 즉, 철인 정치란 '철학자가 정치가가 되어야 한다'는 주장이다.

교과서를 보면 철인 정치는 소크라테스의 사상이라기보다는 플라톤 사상의 핵심으로서 중요하게 다뤄진다. 또한 학자들은 《국가》를 집필한 시점에서는 이미 플라톤이 사상적으로 성숙하여, 제자 입장에서 소크라테스의 생각을 그대로 옮기기보다는 소크라테스의 입을 빌리는 형식으로 자기의 개인적 주장을 펼쳤을 것이라 추측한다. 실제로 정치가가 철학자가 되어야 한다는 것은 플라톤이 평생에 걸쳐서 꾼 꿈이었다. 플라톤은 스승의 죽음에 충격을 받아 직접 정치에 뛰어드는 것을 그만두었으나, 항상 정치에 대한 생각을 가지고 있었다. 나이가 든 뒤에는 시라쿠사에 가서 그곳의 참주에게 철학을 가르치려고 시도하기도 했다. 비록 정쟁에 휘말려 자신의 이상을 현실 정치에서 펴보지는 못했지만, 철인 정치에 대한 플라톤의 신념은 확고했다.

그러나 철인 정치가 플라톤의 생각이든 소크라테스의 생각이든, 철인 정치로 운영되는 이상 국가는 플라톤이 스승 소크라테스의 사상을 계승하면서 발전시켜온 생각이다. 그런 만큼 소크라테스가 자신의 삶과 죽음을 통하여 말하고자 하는 바를 이해하기 위해서는 이에 대해서도 깊이 살펴보아야 할 것이다.

실제로 철인 정치란 '정의를 구현하기 위한 수단'이며, 이것은 소크라테스가 원하는 바와 크게 다르지 않다.

> 소크라테스 : 철인들이 국왕이 되거나, 아니면 지금 국왕 또는 치자라고 불리는 자들이 진정한 철인이 되기 전에는, 그리하여 정치권력과 철학이 하나로 결합되고, 지금은 어느 하나만 따로따로 추구되는 여러 자질들이 함께 추구되기 전에는, 여보게 글라우콘, 국가들의 고통은, 아니, 인류 전체의 고통은 결코 종식되지 않을 것이네.

그런데 여기서 한 가지 궁금증이 생긴다. 플라톤은 철인 정치를 말하면서 독재국가를 주장하고자 한 것일까? 남보다 더 탁월한 지혜를 지녔다는 이유로 한 사람이 나라를 통치하고 모든 중요한 결정을 한다면 그것이 독재가 아니고 무엇이겠는가? 플라톤은 무엇을 말하고자 한 것일까?

하지만 우리는 다시 한 번, 《국가》에서 이상 국가를 상정하고 이상적 통치를 논하는 것은 정의가 무엇인지 밝혀내기 위한 과정임을 짚을 필요가 있다. 또한 소크라테스와 플라톤에게 철학과 현실의 삶은 별개가 아니었다. 철학자란 자신이 찾아낸 진실을 실제 삶에서 실천하는 이여야 했으며, 동시에 철학적인 진리를 현실에 구현하는 것이 정의로운 정치였다.

따라서 《국가》에서 말하는 철인 정치가라는 개념으로부터 우리는 '진정한 철학자란 어떤 사람인가' '진정한 정의를 삶과 사회에서 실천하는 사람은 어떤 모습인가'를 탐구해야 할 것이다. 실제로 '철인'의 원어인 'Philosophos'는 '지혜를 사랑하는 사람' '철학자'로 번역이 되며, 이후 논의되는 '철인'은 현대의 우리가 생각하는 정치가의 모습이라기보다는 철학자, 그것도 매우 실천적인 삶을 사는 철학자에 가깝다.

소크라테스 : 온갖 학문을 진심으로 음미하기를 원하고 배우기를 좋아하며 배움에 물리지 않는 사람은 지혜를 사랑하는 사람이라 불리어 마땅할 것이네. 바로 진리를 구경하기 좋아하는 사람들이지.

그는 그 증거로 철인 또는 철학자만이 다양한 현상과 이면의 실재 또는 이데아를 인식할 수 있다고 주장한다.

소크라테스 : 아름다운 물건들은 좋아하면서도 아름다움의 본질이 무엇인지에는 관심이 없고, 가르침을 받아도 앎에 이르지 못하는 사람이 과연 깨어 있다고 할 수 있겠는가?

아름다움 그 자체를 믿고 그것을 알아볼 수 있으며, 아름다운 물건과 아름다움의 본질을 혼동하지 않는 사람이 있다면, 그의 삶은 자네가 생각하기에 깨어 있는 것인가 아니면 꿈꾸는 것인가?

글라우콘 : 그야 물론 깨어 있습니다.

이 대목에서 철인 정치와 함께 플라톤 사상의 꽃이라 할 수 있는 '이데아론'이 은은하게 설명된다. 이데아론을 간단하게 정리하자면, 결코 변하지 않는 참된 진실의 세계가 존재하며 그것이 이데아라는 것이다.

이데아론에 의하면 이 세계는 두 가지의 세계로 나누어져 있다. 한 가지는 현상계요, 다른 하나는 이데아계이다. 플라톤은 현상계를 가짜 세계로 보았다. 이를테면 오늘 길가에 핀 꽃을 보고 참 예쁘다고 말했는데 다음날 보니 시들어 있다면 어제 내가 했던 말은 거짓이 된다. 이러한 것은 참된 지식이라고 할 수 없다.

플라톤은 완전한 지식은 변화하는 것이 아니고 언제 어디서나 참이라 생각했다. 그곳이 바로 이데아요, 완전한 세계인 것이다. 플라톤은 이러한 이데아 세계의 현상을 인식할 수 있는 것은 오로지 철학자와 철인의 몫이라 주장했다. 따라서 이상적인 철인은 진실된 세계를 지향할 수 있고 진리에 따라 살아가므로 타락할 일이 없다.

이는《국가》에서 말하는 철인의 품성에도 잘 설명되어 있다. 그들은 모든 공부라는 것을 사랑하며, 크든 작든 어렵든 간단하든 결코 자진해서 포기하지 않는다. 또한 그들은 거짓을 모르고 거짓을 접해도 그것을 받아들지 않는다. 진리를 사랑하여 돈에 얽매이지 않고, 탐욕을 쫓아 자신을 망가트리는 일도 없다. 따라서 철인들은 용기와 정의 같은 미덕을 구비해야 할 뿐만 아니라, 배우기를 좋아하고 이해가 빨라야 하며, 성실하고 지혜를 사랑해야 한다.

그러나 아데이만토스가 이에 이의를 제기한다. 실제로 철학을 하는 사람은 현실에서 그런 미덕을 보여주지 않는다는 것이다.

아데이만토스 : 실제로 보면 철학에 전념했다가 젊은이로서 교양을 쌓은 뒤에도 손을 떼지 않고 계속 철학에 머무르는 사람들은 대개 완전한 악당은 아니더라도 비뚤어진 인간들이 되더라고, 또한 그중 가장 우수하다고 여겨지던 사람들도 선생님께서 찬양하시는 그 일 때문에 나라에 쓸모없는 인간들이 되더라고 말이에요.

아데이만토스는 현실에서는 철학자가 쓸모없거나 사악하고, 배움이 없지 않느냐고 반문한다. 그러자 소크라테스는 '가장 우수한 철학자들은 국가에서 심한 푸대접을 받고 있기 때문'이라고 반발한다. 아무리 좋은 기술을 가지고 훌륭한 품성을 지니고 있어도 그것을 악용하고 자신의 사리사욕으로 끌어들이려는 자들이 문제라는 것이다. 사회가 그런 분위기를 형성하고 따라서 트라시마코스의 말처럼 지혜를 가지고 있는 자가 바보가 되는 세상을 만들기 때문이라고 말이다. 따라서 철학자들이 쓸모없이 된 것은 철학자들의 책임이 아니라 철학자들을 기용하기를 거부하는 자들의 탓이다.

문제는 또 있다. 훌륭한 철학자의 자질을 가진 사람들이 진리를 추구하기 위한 제대로 된 교육을 받기 어렵다는 것이다. 철인이라든지 철학자가 훌륭한 철학적 인품을 타고난다고 해도 그들의 탁월한 자질을 이용하고자 하는 사람들, 즉 공동체에 의해 오히려 더 악하게 된다고 소크라테스는 주장한다.

소크라테스 : 가장 훌륭한 품성을 갖고 태어난 혼은 나쁜 교육을 받을 경우 다른 혼들보다 훨씬 더 나빠진다고 말할 수 있지 않을까? 철학적 품성은 적절한 교육을 받으면 필연적으로 성장하여 온갖 미덕에 도달하겠지만, 적절하지 않은 곳에 씨 뿌려지거나 심어져 양육되면 신의 도움이 없는 한 정반대 현상이 나타날 것이라고 나는 생각하네.

이 부분을 읽으면서 나는 한 친구를 떠올렸다. 나와 다른 학교를 다녔지만 한때 자주 만났던 친구였다. 그 친구는 책을 좋아하고 철학과 경제에 관심이 많았으며, 화술이 뛰어나서 발표나 연설도 매우 잘했다. 나는 그 친구를 항상 존경했고, 함께 토론을 하면서 많은 것을 배웠다. 하지만 무엇 때문이었는지, 언젠가부터 그 친구는 현실에 대해 무척 부정적인 생각에 빠지게 되었다. 그러더니 나쁜 짓을 하는 친구들과 어울려 다니며 자신의 재능인 훌륭한 언변으로 다른 아이들마저 꼬드겨 좋지 않은 일에 끌어들였다. 결국 그 친구는 범죄를 저지르고 소년원에 들어가서 나와는 연락이 끊기고 말았다. 지금도 그 친구를 생각하면 마음 한편이 시리도록 아프다. 주위 환경과 사회가 그에게 좋은 영향을 줄 수 있었다면 자신의 자질과 품성을 잘 살려서 사회에서 훌륭한 역할을 할 수 있었을 것이다.

내 친구뿐만이 아니라, 이처럼 총명하고 유능하며 사람들을 이끄는 매력을 가지고 있지만 오히려 그런 재능을 이용해서 나쁜 일을 하고 다니는 사람들은 세상에 숱하게 있다. 소크라테스가 살던 시절에도 마찬가지였을 것이다. 이렇게 좋은 품성을 지닌 사람들이 어째서 더 좋지 않은 길로 빠져들게 되는 것일까? 무엇이 그들을 타락시키는 것일까? 소크라테스는 그 원인을 교육과 환경에서 찾았으며, 무엇보다도 이러한 '철인의 적'으로 소피스트를 꼽았다.

소크라테스 : 대중에게서 돈을 받고 개인적으로 가르치는 자들을 소피스트라 부르네. 이들 각자가 가르치는 것은 대중의 의견, 즉 대중이 집회 때 갖게 되는 의견 외에 다른 아무것도 아니며, 이들이 지혜라고 부르는 것 역시 대중의 의견 외에 다른 아무것도 아닐세.

이런 사람은 자신이 키우는 크고 힘센 짐승의 기질과 욕구를 연구해서 잘 알게 된 사람과 마찬가지이네. 그는 짐승을 어떻게 다루는지, 짐승이 언제 가장 유순해지고 그 이유는 무엇인지를 잘 파악하네. 그리고 그는 그것을 지혜라 부르며 하나의 기술로 체계화해서 다른 사람들에게 가르쳐줄 것이네. 말하자면 그는 그 짐승이 좋아하는 것은 좋은 것이라 부르고 싫어하는 것은 나쁜 것이라 부르네.

그는 꼭 필요한 것을 올바르고 아름답다고 일컫지만, 필요한 것과 좋은 것의 본성이 실제로 얼마나 다른지 관찰한 적도 없거니와 다른 사람들에게 증명해 보일 수도 설명할 수도 없네. 제우스에 맹세코, 교육자가 그런 사람이라면 참으로 이상한 교육자라고 생각되지 않는가?

아데이만토스 : 맞습니다.

소크라테스 : 소피스트들이야말로 남녀노소를 완벽하게 교육시켜 자기들이 원하는 인간으로 만드는 것 아닐까? 그들은 민회, 법정, 극장, 군영 등 사람들이 모인 공개석상에 함께 모여 앉아 떠들썩하게 고함을 지르고 박수를 치며 남의 언행을 침소봉대하여 비난하기도 하고 칭찬하기도 한다네. 이럴 경우 젊은이들의 심정이 어떨 것이라고 생각하는가? 그들이 아름답다고 하면 덩달아 아름답다 하고 추하다고 하면 덩달아 추하다고 하게 되어, 결국 그들과 똑같은 것을 추구하며 똑같은 인간이 되지 않을까?

소피스트들은 '대중에게 돈을 받고 지식을 주는 사람'들이다. 그들에겐 돈과 이익이 우선시되며, 진실과 지혜마저 돈에 좌우된다. 그렇지 않고서야 '정의란 강자의 이익이다'라고 주장한 트라시마코스와 같은 사람이 나오겠는가? 참된 진리를 추구하는 사람은 돈에 연연하지 않고 인기에 좌우되지 않으며 권력욕에 치우치지 않는 것이 당연하다. 그러나 소피스트들은 이와는 거리가 멀었다. 소피스트는 화려한 화술로 사람들을 현혹시켜 인기를 끌고 세력을 키우고자 했다. 또한 그들은 자신들의 의견에 반대하는 자를 공격하기 위해 수단과 방법을 가리지 않고 여론을 몰아가기도 했다.

소크라테스 : 소피스트들이 말로 설득할 수 없을 때 행동을 통해 가하는 강제력 말일세. 누가 그들의 말을 듣지 않을 때, 자네는 그들이 시민권을 박탈하거나 벌금형을 부과하거나 사형에 처한다는 것도 모르는가?

그렇게 생각해 보면 소크라테스를 죽음으로 몰고 간 고발자들 역시 소피스트와 같은 사람들일지도 모른다. 플라톤이《국가》를 집필하면서 가장 비판하고 싶었던 것 역시 이 소피스트들이 아닐까. 당시 아테네에서 소피스트들은 자신들의 욕심과 명망을 위해 대중을 현혹시켜 정치를 혼돈에 빠뜨렸으며, 아테네는 민주주의의 최대 약점인 중우정치에 지배당하게 되었다. 소크라테스의 죽음 역시 그 결과였다. 플라톤은 이러한 일을 직접 눈으로 목격하면서, 자신이 생각하는 이상의 국가에서만큼은 소피스트를 척결하고 싶었는지도 모른다.

그러나 유감스럽게도, 몇천 년 전 소크라테스가 그렇게도 비판했고 플라톤이 그렇게 척결하고 싶어 했던 소피스트들은 오늘날까지도 존재한다. 이 소피스트들은 정치가들이나 교육자, 언론인들 사이에만 있는 것이 아니다. 어떤 분야에 있는 사람이든, 때로는 내 친구나 선생님, 가족들까지도 소크라테스가 비판한 소피스트와 같은 악영향을 끼칠 수 있다고 나는 생각한다. 진리와 정의를 향한 노력을 부정하고, 편리와 이익만을 추구하며, 올바른 일에는 관심이 없고, 어떻게 하면 저 사람을 통해 이득을 얻을까 고민하는 자들, 하나의 현상에 대해 그것의 본질을 묻기보다 결과에 따라 움직이는 사람들, 겉을 보고 본질을 평가하는 사람들, 이 사람들이야말로 플라톤이 과거에 그렇게 비판하고자 했던 소피스트들이다. 아마 이러한 사람들은 앞으로도 사라지지 않을 것이다.

이러한 사람들이 세상을 움직인다면, 이들이 교육자가 되고 사회의 지도층이 된다면, 참으로 끔찍하고 고통스러운 결과를 낳지 않을까. 플라톤은 소피스트들이 어떠한 비극을 불러왔는지 잘 알고 있었다. 역사에서 배우고자 한다면 우리는 여기에서 교훈을 얻어야 할 것이다. 종래에 그들은 진리와 정의를 부정할 것이며 그들의 손 아래에서 교육을 받은 젊은이는 타락할 것이며, 철학이 사라지고 진리와 정의라는 빛은 묻히게 될 것이다.

소크라테스 : 이보게, 철학은 그들에게 이렇게 버림받고 결혼식도 올리지 못한 채 홀로 남게 되네. 그 결과 그들은 그들대로 자신들에게 맞지도 않고 건실하지도 않은 생활을 하는가 하면, 친척 없는 고아나 다름없

어진 철학은 철학대로 어울리지도 않는 엉뚱한 자들을 만나 욕을 보게 되고, 자네 말처럼 철학 비방자들이 철학에 퍼붓는다는 그런 비난을 받게 된다네. 철학과 함께하는 자들은 더러는 무용지물이고, 대부분은 갖은 고생을 겪어 마땅한 자들이라는 비난 말일세.

우리 사회 역시 철학이 비방을 받고 상처받는 사회였다. 우리 부모님 세대 때부터 이미 철학은 '밥도 못 빌어먹는 학문'이었다. 꼭 전공으로 선택하지 않는다고 하더라도, 당장 생계를 꾸려야 하고, 집안을 먹여 살려야 할 사람들에게 정의나 진실에 대한 철학적 고민은 철없는 소리, 당장 피해야 할 생각으로 인식되었다. 돈을 버는 기술, 사회에 순응하는 기술, 실용적인 간판을 따고 스펙을 쌓는 것이 우선시되면서, 사유하고 고찰하는 능력을 키우는 인문학은 천시를 받았다.

그런 속에서 사회는 그럴 듯하게 발전했으며, 우리의 삶은 풍족해지고, 더 이상 빈곤국이라는 이름을 달지 않게 되었다. 경제난이라고 한들, 과거에 비하면 엄청난 발전을 이뤘고 더 나은 삶을 영위하게 되었다. 그리고 이 많은 시간이 지나서야 우리는 무언가를 놓쳤다는 것을 알았다. 우리가 뒤로 미루어놓았던 '지혜'라든지 '정의', '미덕'이 부족해진 것이다.

최근 우리 사회에서 큰 이슈가 되고 있는 것들이 있다. 세월호 사건부터 시작하여 국정 감사, 여러 정치인들의 비리 문제까지

'지도자의 자질'에 대해 의문이 제시되고 있다. 뉴스에서 국정감사 현장을 본 적이 있다. 한 공직자는 많은 비리가 낱낱이 공개되었음에도 표정 한 번 변하지 않고 조작, 의혹, 누명 등의 단어를 언급하며 답을 피하고자 했다. 그러나 더 자세한 조사 결과 그의 모든 죄목이 진실이었음이 밝혀졌다. 의원들이 그를 질타했다. "그 위치에까지 올라갔으면 그 직급에 맞는 짓을 해야 하지 않겠습니까?" 공직자는 제대로 대답하지 못했다.

플라톤은 《국가》에서 철학적 품성을 언급하면서 여러 미덕을 소개했는데 그 중 플라톤이 가장 주목한 것은 지혜였다. 그는 지혜가 있는 사람이 국가를 다스려야 한다고 말했으며, 그 지혜란 진실과 정의를 추구하고 그를 실천할 수 있게 해주는 힘이었다.

그 공직자는 어째서 자신의 책임을 제대로 수행하지 않았으며, 어째서 국민들 앞에서 진실하게 행동하지 않았을까? 어쩌면 그는 그런 행동이 당연하다고 생각했을지도 모른다. 자신이 그 높은 위치까지 올라왔으니 그 위치를 이용해서 이익을 얻는 것이 당연하다고, 그리고 그 권력과 이익을 지키기 위해서는 거짓된 행동을 하는 것이 당연하다고 여겼을지도 모른다. 그는 소피스트와 같은 사람이자 트라시마코스가 말한 것처럼 '정의는 강자의 편익'이라는 논리에 따라 행동하는 사람이었을 것이다. 그는 진리와 정의가 무엇인지 알지 못했으며, 설령 알았더라도 실천하려고 하지 않았다. 자신의 결정이 사람들의 삶에 어떠한 영향을 미치는지 깊이 사유하지 않았다. 그는 정의가 무엇인지에 대해 사유하지 않는 사람이었고 지혜를 추구하지 않는 사람이었다.

문제는 지도자가 이러한 행동을 할 때 그것은 사회와 나라 전체에 심각한 악영향을 끼치고 많은 선량한 시민들에게 피해를 입힌다는 것이다. 《국가》에서 이상 국가를 이야기하면서 지도자들의 지혜를 전적으로 중요시한 것은 이 때문이었다.

연세대학교 신학과 김상근 교수님은 TV 프로그램 〈인문학 특강〉 강연에서 고대 아테네의 번영 요인을 지도자에서 찾았다. 교수님이 진정한 지도자의 본보기로 꼽은 사람은 아테네의 정치가 페리클레스였다. 그리고 그가 진정한 지도자가 될 수 있었던 이유는, 그의 집에 수많은 철학자가 드나들었기 때문이었다고 한다. 결론적으로 아테네의 최고 전성기를 이끌었고, 많은 사람들의 존경을 받은 그는 다름 아닌 철학의 산물이었다.

최근에는 뒤늦게나마 인문학 붐이 일어나고 철학의 중요성이 강조되고 있지만, 요즘도 철학 무용론을 주장하는 사람들을 흔히 볼 수 있다. 철학이 밥을 먹여주나, 철학이 언제 우리의 삶에 도움을 준 적이 있는가 하며 말이다. 하지만 그들은 정작 중요한 것을 놓치고 있다. 밥뿐 아니라 우리의 필요를 채워주고, 우리의 삶 전반에 절대적인 영향을 끼치는 사회와 국가가 제대로 운영되려면 반드시 정의와 지혜가 필요하다는 것 말이다. 개인은 물론 사회 지도자와 정치가, 그리고 국가 자체가 정의와 지혜, 미덕을 지니게 해주는 것이 바로 철학이다. 철학 없는 지도자는 결코 지혜를 지닐 수 없으며, 페리클레스와 같은 지도자가 될 수 없음은 당연하지 않을까.

역사가 헤로도토스도 자신의 저서 《역사》에서 이러한 사실을 알리고자 했다. 그는 페리클레스와 같이 알키비아데스를 등장시킨다. 거만하고, 자존심이 높으며, 대화를 멀리하고, 사유를 꺼려하는 알키비아데스는 무능한 지도자를 연상시키는 존재이며, 또한 그런 지도자가 내린 결정들로 인해 국가는 폐허로 변하게 된다. 그 모습은 우리에게 새삼 철학의 필요성을 역설하고 있다.

오늘날의 국가 운영에서도 '철학의 부재'가 심각한 문제로 지적되고 있는 것을 생각해 보면, 소크라테스가 경고하고자 했던 철학의 위기는 지금과 사뭇 다르지 않을 것이다. 소피스트와 같이 궤변론자들이 철학을 타락시키고, 또한 그럼으로써 트라시마코스와 같이 근본을 부정하는 자들이 등장했을 때, 소크라테스는 아마 아테네의 앞날을 미리 내다보았을지도 모른다.

소크라테스는 이어서 철학의 위기에 대응하는 방안을 말한다. 나라가 망하지 않으려면 어떤 방법으로 철학을 대해야만 할 것이며, 어떻게 해야만 대중들이 철학에 대한 고집스러운 편견에서 벗어날 수 있을까. 소크라테스는 이를 위해 앞서 말했던 소피스트들을 배척해야 한다고 주장한다. 철학은 이상적인 국가를 만드는 데 가장 필요한 요소가 될 것이므로, 철학의 억울함을 벗기기 위해서는 더욱 소피스트들의 주장을 반박해야 할 것이었다.

우리가 가장 경계해야 할 사람들은 아무런 근거도 없이 자신의 이익을 위해 철학의 근본을 부정하는 자들이다. 물론 이러한 자들은 온갖 유혹을 이기고 철학을 추구하는 진정한 철학자들보다 그 수가 훨씬 많을 것이다. 그렇다 해도 공동체를 위한 답은 자명하다. 소피스트, 우리의 삶에서 정의를 부정하는 자들, 그들을 멀리하는 것이다.

소크라테스 : 지금은 무용지물이라고 불리지만 타락하지 않은 소수의 철학자들이 원하든 원하지 않든 다행히 국가를 돌보지 않을 수 없고, 국가는 국가대로 그들에게 복종하지 않을 수 없는 상황에 놓이기 전에는, 또는 지금의 치자들이나 왕들이나 그들의 아들들이 신의 영감을 받아 진정한 철학에 마음에서 우러나오는 사랑을 느끼기 전에는 국가도 정치 체제도 개인도 완전한 상태에 도달하지 못할 것이라고 말일세. 나는 이 두 가지 가운데 어느 하나나 또는 둘 다 실현 가능성이 없다고 주장할 근거는 없다고 생각하네. 만약 실현 가능성이 없다면, 우리는 단순한 소망을 말하는 데 불과하므로 웃음거리가 되어 마땅할 것이네.

그리고 이러한 노력이 계속된다면, 대중의 생각도 역시 달라지리라는 것이 소크라테스의 생각이었다. 좋게 어르고 달래서, 몸소 실천하여 철학자로서의 역할을 이행한다면 대중들 또한 변하리라 생각했던 것이다.

소크라테스 : 여보게, 대중을 그렇게 나쁘게만 말하지 말게나. 만약 자네가 싸우려고 덤비지 않고 좋게 타이르는 태도로 학구열에 대한 그들의 편견을 바로잡아주면서 자네가 생각하는 철학자들이 어떤 사람들인지 보여준다면, 그리고 자네가 말하는 철학자들이 그들이 생각하는 철학자들과 같은 사람들이라고 오해하지 않도록 자네가 말하는 철학자들의 품성과 활동을 규정해준다면, 그들은 생각을 바꾸게 될 것이네. 혹시 자네는 온순하고 시기심 없는 사람이 화를 내지도 않는 사람에게 화를 내거나, 시기하지도 않는 사람을 시기할 것이라고 생각하는가? 내가 자네를 앞질러 대답하겠네. 그렇게 괴팍한 성격은 소수의 사람들이라면 몰라도 대중에게는 없다는 것이 내 생각일세.

소크라테스는 아테네 인들을 사랑했다. 그는 아테네 인들의 무지를 깨우치는 것이 자신의 평생 숙명이라 믿었다. 그도 말했다시피 그것은 우러나오는 사랑이 있어야만 가능한 일이었다. 만일, 아테네에 대한 그의 사랑이 없었다면 당당히 죽음을 맞이하는 일 역시 쉽지 않았을 것이다.

그렇다면 우리는 이러한 의문을 가질 수 있지 않을까. 소피스트를 배척하고, 올바른 철학을 대중에게 알려준다면 이상 국가에

도달할 수 있는가? 아니다. 이는 그가 꿈꾸는 국가에 도달하기 위한 사전 작업일 뿐이다. 가장 중요한 일이 남아 있다. 그것은 바로 '철학자가 다스리는 정치'를 구현하는 것이다.

김인곤 서울대 철학사상연구소 선임연구원은 〈국가 해제〉에서 이렇게 말한다.

> "법을 수호하고 필요에 따라 제정하는 것은 통치자의 임무다. 법을 수호하고 제정하는 일의 궁극적인 목적은 국가 전체의 최대선을 실현하는 데 있다. 통치자가 이 임무를 제대로 수행하려면 사실에 대한 정확한 지식과 이론적 근거 그리고 지향해야 할 본보기를 지니고 있어야 한다. 통치자가 철학자가 되어 이데아를 보고 인식해야 하는 이유가 여기에 있다. 그리고 철학자는 이데아를 보고 관상하며 그것과 함께 지내기 때문에 그 스스로 최대한 절도 있고 신과도 같은 사람이 되고, 나아가서 시민들의 성격을 단련시켜 절제와 정의 등 일체의 시민적 덕을 갖게 해 준다. 즉 통치자 스스로 모범적인 교육자가 되어 시민들이 법을 내면화시켜 따르도록 교육할 수 있어야 하는데, 철학자가 바로 그런 능력을 갖춘 자라는 것. 이런 철학자로서의 통치자가 신적인 본보기(paradeigma)를 이용하는 화가가 되어 나라의 밑그림을 그리지 않고서는 나라가 결코 행복할 수 없다는 것이 플라톤의 생각이다."
>
> – 플라톤《국가》(해제), 서울대학교 철학사상연구소, 2004.

소크라테스는 훌륭한 나라의 실현 가능성에 앞서 '본(paradeigma)'을 강조하고 있는데, 본은 본보기, 기준을 뜻한다. 즉, 국가에서 말하는 '훌륭한 나라의 본'은 '올바름'의 모습을 한 본보기로서 제시되고 있는 것이다. 결국 '이상 국가'를 찾고자 하는 소크라테스의 여정은 '철인 통치자'라는 이름의 '이상적인 인간' 찾기에 도달한다. 그것은 소크라테스가 생각한 진정한 철학자의 모습이자, 올바른 삶을 살아가는 인간의 모습이다.

소크라테스 : 제 목숨이 붙어 있는 한, 그리고 힘이 미치는 한 지혜를 사랑하라고 여러분에게 권고하고 가르치면서, 만나는 사람마다 나의 생각을 전달하겠습니다. 어떻게 하면 더 많이 재물을 모을 수 있을까, 또는 명예나 지위를 얻을까 하는 데에 머리를 쓸 것이 아니라, 훌륭한 정신을 기르는 데 힘을 써야 한다고 말입니다.

-《소크라테스의 변명》에서

네 가지 정치 체제에서 정의 없는 세상의 문제점을 찾다

안타깝게도, 소크라테스가 말하는 것과 같은 철인 통치자는 지금 시대에나 소크라테스의 시대에나 존재하기 어렵다. 모든 나라는 결함을 지닌 통치자에 의해 다스려지고, 따라서 나라의 정치 체제도 결함을 지니고 있다.

소크라테스는 나라들이 지닌 이런 결함을 살펴볼 가치가 있다고 여겼다. 훌륭한 나라와 결함을 가진 나라를 비교해봄으로써 가장 훌륭한 것이 무엇이고 가장 나쁜 것이 무엇인지 알 수 있다고 여겼기 때문이다.

또한 소크라테스는 이상적인 나라가 이상적인 인간상을 보여주듯이, 결함이 있는 나라는 결함이 있는 인간의 모습을 보여준다고 여겼다. 따라서 각각의 나라에 대해 살펴봄으로써 올바른 인간과 그렇지 못한 인간이 어떠한지, 또 올바른 인간의 삶과 그렇지 못한 인간의 삶이 어떠한지에 대해서도 알 수 있다고 생각했다. 그래서 소크라테스는 철인 통치자가 존재하지 않는 정치 시스템 네 가지, '명예 지상 정치', '과두 정치', '민주 정치', '참주 정치'를 차례차례 살펴본다.

명예 지상 정치

소크라테스가 가장 먼저 살펴보는 것은 '명예 지상 정치 체제'다. 명예를 사랑하고 승리를 추구하기는 하나, 진정한 지혜와 정의를 갖춘 철인이 되지는 못한 통치자가 다스리는 나라다. 이 나라에서는 진정한 지혜를 지닌 사람이 아니라 전쟁에 승리하는 등 공적을 쌓고 승리를 한 사람이 통치자의 자격을 갖췄다고 여겨진다. 그들은 이상적인 정치 체제를 흉내 내려 하지만 이에 도달하지는 못하며, 돈벌이와 토지, 금은을 소유하는 데 이끌린다. 미덕을 추구하기보다는 이익을 추구하는 사회가 되는 것이다. 그래서 이들은 노예를 늘리고, 영토를 소유하며, 재산을 늘리고 전쟁에 승리하는 데에 골몰하게 된다.

소크라테스 : 이들은 성향상 평화보다는 전쟁 취향인 사람들 쪽으로 기울며, 전쟁과 관련되는 계략과 전술들을 존중하고, 전쟁을 하는 가운데 온 세월을 보내는 등의 성질을 갖게 되겠지?

글라우콘 : 네.

소크라테스 : 또한 그런 사람들은 재물에 욕심을 내는 사람들이 될 것이며, 금과 은을 끔찍이 우러러 모시며 금고와 사사로운 창고에 비밀히 숨겨두고, 담에 둘러싸인 집에서 사치와 낭비를 할 것일세. 그들은 재물에 인색한데, 재물을 귀히 여기기는 하나 공공연히 소유하지는 못하기 때문일세. 그들은 욕심으로 인해서 남의 재물을 쓰기 좋아하고, 몰래 법망을 피해서 쾌락을 즐기는데, 이는 그들이 논의와 철학을 아울러 갖추는 데는 소홀히 하면서 설득 아닌 강제에 의해서 교육을 받았기 때문일세.

그런 사람은 젊어서는 재물을 경멸하겠지만 나이를 먹어갈수록 재물을 좋아하는 성향을 갖게 되지 않겠는가? 그리고 최선의 통치자가 되기에는 부족하기 때문에 순수하지 못한 것을 스스로 자꾸만 더 반기게 되지 않겠는가?

소크라테스는 '승리에 대한 사랑과 명예에 대한 사랑'만이 가장 뚜렷하게 드러나는 것이 이 정치 체제의 특징이라고 설명한다. 현대적인 표현으로 하자면 '성공에 대한 사랑'이라고 할 수도 있겠다. 큰 돈을 번 CEO, 높은 자리에 올라간 사람들을 선망하는 오늘날의 모습과 비슷하기도 하다.

이렇게 명예 지상적인 나라, 명예 지상적인 인간의 가장 큰 문제점은 시간이 지날수록 타락한다는 것이다. 소크라테스는 그 타락의 과정을 이렇게 설명한다.

소크라테스 : 황금으로 가득한 각자의 금고가 그 나라를 무너뜨리지. 먼저 그들은 자신을 위해 황금을 소비할 길을 찾는데, 이를 위해 법률을 왜곡하네. 자신도 그 아내도 법률을 따르지 않게 되네.

아데이만토스 : 그럴 것 같습니다.

소크라테스 : 다음으로 저마다 다른 사람들이 그러는 것을 목격하고서, 서로들 경쟁을 하게 되어 자기들끼리 그런 무리를 이루게 되네. 이에서 더 나아가 그들은 돈벌이를 점점 더 진전시켜가고, 그들이 이를 더 귀하게 여길수록 그만큼 미덕은 덜 귀하게 여길 것이네.

아데이만토스 : 그렇고말고요.

소크라테스 : 나라에 있어서 부와 부자들이 귀하게 대접받게 되면, 미덕과 훌륭한 사람들이 덜 귀하게 대접받게 되네.

아데이만토스 : 그렇습니다.

소크라테스 : 그리하여 그들은 승리를 사랑하고 명예를 사랑하는 사람들에서 마침내 돈벌이를 좋아하고 돈을 사랑하는 사람들이 되어, 부자를 찬탄하고 관직에 앉히지만, 가난한 사람은 멸시하네.

과두 정치

이렇게 해서 등장하는 것이 두 번째 정치 체제 '과두 정치 체제'다. '금권 정치'라고 하기도 한다. 부자들이 무리를 지어 나라를 운영하게 되는 것이다. 소크라테스는 과두정을 재산 평가에 근거한 정치 체제라고 설명했다. 부자들은 무력을 행사하거나 공포감을 조성함으로써, 재산을 가진 소수의 부자들만이 통치를 하고 가난한 사람들은 정치에 참여하지 못하는 체제를 만든다. 이러한 정치 체제에는 당연히 문제가 많아질 수밖에 없다. 첫째로 단지 돈만 많을 뿐 나라를 제대로 통치할 자질이 없는 사람들이 정치에 목소리를 내게 된다.

소크라테스 : 이처럼 재산 평가에 따라 배의 키잡이를 뽑는 까닭에 더 훌륭한 선원이라도 가난한 자는 키잡이가 될 수 없다면 어떻게 되겠는지 생각해 보게나.

아데이만토스 : 국가의 경우는 특히 그래요. 국가를 다스리는 것은 가장 어렵고 가장 중대한 일이니까요.

소크라테스는 앞서 '진정한 철학자'가 무엇인지에 대한 질문에서 철학자는 지금의 생활에 안주하지 않고 항상 진리를 생각하며, 자신의 쾌락이 아닌 정신에 신경을 쓴다고 답변했다. 이러한 사람이 되어야만 진정한 철학자라고 불릴 수 있는 자격과 함께 국가를 다스릴 수 있는 자격이 주어진다. 결국은 물질이 지도자를 만들 수 없다는 것이다. 그렇기 때문에 과두제가 되면 나라의 통치자는 소크라테스가 이상적으로 생각한 철인 통치자와는 한없이 멀어지게 된다.

소크라테스가 생각한 과두제의 문제점은 이것만이 아니었다. 과두제의 더욱 심각한 문제는 바로 나라에 불평등과 분열을 불러온다는 것이었다. 능력이 아닌 돈을 두고 인간을 저울질해 돈이 없는 사람들은 목소리를 낼 기회조차 빼앗기고, 돈이 있다는 이유만으로 능력이 없는 사람들이 배의 키를 잡는 사회에서는 당연히 가난한 사람들의 불만이 커질 수밖에 없다. 또한 금고를 황금으로 채워 통치자가 된 사람들은 자신들의 금고를 더 채우는 데 권력을 이용할 것이므로 돈이 없는 사람들과의 불화는 점점 깊어질 것이다.

소크라테스 : 이런 국가는 필연적으로 하나의 국가가 아니라 두 개의 국가, 즉 가난한 자들의 국가와 부자들의 국가로 나뉠 수밖에 없다네. 이들은 같은 곳에 살면서 언제나 서로 음모를 꾸밀 테니 말일세.

소크라테스는 아데이만토스와 함께 과두제의 숱한 문제점을 하나하나 지적해나간다. 통치자와 대중이 적대하게 되고, 부자들이 돈을 탐하는 풍조가 심해져 공공사업에 대한 투자도 줄어든다. 돈벌이하는 사람들이 온갖 일에 참견하게 되므로, 앞서 소크라테스가 나라의 근본으로 꼽았던 "자신의 일을 충실히 하는" 정의도 지켜지지 않는다. 부자들은 더욱 부자가 되고 가난한 사람들은 더욱 가난해지거나 심지어 빈털터리로 전락하게 만드는 좋지 않은 법률마저 용인되고 만다.

이렇게 문제가 많은 과두정은 어떤 시점에 붕괴될 수밖에 없다. 소크라테스는 시간이 지나면 과두 정치는 세 번째 정치 체제, '민주 정치'로 이행하게 된다고 주장했다. 가난한 자들 사이에서 과두 정치에 반대하는 목소리가 나오고 결국에는 혁명이 일어날 것이기 때문이다.

민주 정치

가난한 사람들이 투쟁에서 승리하여 반대파를 처형하거나 추방하고, 부자들이 독점했던 권한을 모든 시민들이 나눠가질 때 '민주 정치 체제'가 탄생한다. 이 나라에서는 모든 사람들이 평등한 시민권과 통치권을 갖고 있다. 관직에 오르는 사람은 추첨 등에 의해 결정된다.

그렇다면 과두제의 부패함을 벗어던지고 새롭게 탄생한 민주제는 어떨 것인가? 소크라테스는 이를 자유와 평등으로 충만한 나라, 그리하여 다양성이 가득한 나라로 생각하고 있다.

소크라테스 : 이들은 자유로우며, 이 나라는 자유와 언론 자유로 가득 차 있으며, 자기가 하고자 하는 바를 '멋대로 할 수 있는 자유'가 있지 않겠는가?

아데이만토스 : 어쨌든 그렇게들 말하고 있죠.

소크라테스 : '멋대로 할 수 있는 자유'가 있는 나라에서는 각자가 어떤 형태로든 제 마음에 드는 자신의 삶의 방식을 택할 게 명백하이.

아데이만토스 : 그건 명백합니다.

소크라테스 : 이렇게 되면, 이 정치 체제에서는 무엇보다도 온갖 부류의 인간들이 생겨날 것이라 나는 생각하네.

저마다 자기가 하고 싶은 대로 할 수 있는 자유가 있으며, 이로 인해 각양각색의 다양한 인간들이 모여 있는 나라. 소크라테스는 이러한 민주제가 모든 정치 체제 중에서 가장 아름다운 것이리라고 말한다.

그런데 민주제가 이렇게 평등하고 아름다운 것이라면, 어째서 소크라테스는 자신이 생각한 이상 국가를 민주제 국가로 상정하지 않았을까? 그 이유는 아이러니하게도 민주제의 장점인 자유와 다양성에 있다.

소크라테스가 찾고자 한 정의, 올바름은 그 자체로도 좋은 것이되 사람과 세상에 좋은 결과를 가져오는 것이어야 했다. 예를 들어 앞 장에서 살펴보았듯이, 정직함은 일반적으로는 미덕이겠지만 사람들에게 해를 끼칠 수도 있는 진실을 무조건 털어놓는 것은 좋은 일이 아니다. 소크라테스는 정직이 무조건 정의라고 생각하지 않았다. 그래서 소크라테스가 찾아낸 정의는 "자신에게 적합한 일에서 최대한의 역할을 수행하는 것"과 같은 소박하고 현실적인 것이 될 수밖에 없었던 것이다.

이런 맥락에서, 자유와 다양성은 꼭 좋은 결과만을 낳는 것은 아니었다. 소크라테스는 이상적인 국가에 많은 것이 필요하다고 보았다. 이상은 지혜, 용기, 절제를 지닌 구성원들이 정의를 지켜야만 이뤄질 수 있는 것이었다. 구성원들은 자신에게 필요한 미덕을 갖추기 위해 충실하게 교육을 받아야 했고, 엄격하게 자신의 책무를 다해야 했다. 그러나 민주제가 보장하는 자유와 다양성 속에서는 그러한 엄격함이 유지될 수 없었다.

소크라테스 : 이 정치 체제는 결코 사소한 것을 따지는 법이 없으며, 우리가 국가를 건설할 때 그토록 엄숙하게 선언했던 것들을 무시해버리네. 누가 국정을 맡으려고 해도 그의 과거 경력에는 아무 관심이 없으며, 대중이 호감을 느끼기만 하면 그 사람을 존중한단 말일세.

또한 가능한 모든 다양성이 존재하는 나라에는 좋은 것들도 존재하겠지만 명예 지상 정치 체제와 과두 정치 체제를 부패와 타락에 빠뜨렸던 나쁜 속성들도 존재할 수밖에 없다. 시민들 역시 마찬가지다. 소크라테스는 민주제가 보장하는 무한한 자유 아래에서 사람들은 나태해지고 교만해지며 법을 잘 지키지 않게 되기 쉽다고 보았다.

소크라테스 : 민주 정치 체제를 닮은 사람은 어떤 즐거움도 무시하지 않고 똑같이 키우네. 누군가가 좋은 욕구는 추구해야 하지만 나쁜 욕구는 억제해야 한다고 말하더라도, 그는 그 진실된 말을 거절하고 모든 것이 다 똑같이 존중되어야만 한다고 말할 것이네. 그는 날마다 마주치게 되는 욕구에 영합하면서 살아가는데, 전쟁에 숙달한 사람이 부러우면 그쪽으로 이동하고, 돈 버는 사람들이 부러우면 이쪽으로 이동하네. 그의 삶에는 아무런 질서도 필연성도 없으나, 그는 이 삶을 즐겁고 자유로우며 축복받은 것이라 부르며 살아가네.

그리고 이렇게 다양한 주장, 다양한 사람들이 충돌할 때, 꼭 정의가 불의를 이기고 자질 있는 사람이 자질 없는 사람을 이기리라는 법은 없다. 민주 정치 체제에서는 올바른 쪽이 아니라 대중에게 호감을 사는 쪽이 득세하기 때문이다. 대중은 자신의 생각보다는 누군가의 생각에 휘둘릴 때가 더 많으며, 그 결과 잘못된 결정을 내리기도 하고, 자질이 없거나 불의한 사람에게 커다란 권력을 쥐어주기도 한다.

소크라테스 : 과두 정치 체제에서나 민주 정치 체제에서나, 용감하게 나서서 인도하는 무리와 그를 따라가는 무리가 생기기 마련일세. 그런데 민주 국가에서는 인도하는 무리가 한결 더 사납다네.

아데만데이토스 : 어째서죠?

소크라테스 : 과두제에서는 용감한 이들이 존중되지 않고 관직에서 배제되므로 단련되지 않고 강건해지지 못한다네. 그러나 민주제에서는 대부분의 경우 가장 사나운 무리가 앞장서서 말을 하고 행동을 하며, 나머지는 연단 주위에 가까이 앉아서 웅성거리며 반대자를 가만히 두지 않네. 민주제에서는 소수의 경우를 제외하면 모든 것이 이런 부류에 의해서 조종되네.

민주제에서는 대중의 여론을 얻기 위해 '민중 선동가'가 나타나고, 이들은 주도권을 갖고 권력을 얻기 위해 명망가들을 공격한다. '말 잘하는 사람의 시대'가 펼쳐지는 것이다. 명망가들 역시 정치싸움에서 패배하면 재산을 잃거나 추방당하기 때문에, 최대한 방어를 하며 정치에 뛰어든다.

참주 정치

이렇게 치열한 정쟁 속에서 살아남아 권력을 쥐게 되는 정치가는 어떤 사람일까? 이들은 자신의 안전을 위해 권력을 쥐는 데에만 골몰할 것이다. 대중의 지지를 얻기 위해 거짓된 선동과 현혹을 일삼으며, 경쟁자를 파멸시키기 위해 끊임없이 분쟁을 일으킨다. 용감하고 고상하고 신중하고 부유한 사람들을 상대로 음모를 꾸며서 나라를 점점 나쁘게 만들어간다. 이렇게 얻은 막대한 권력을 휘두르며 종국에는 시민들의 자유를 억압한다. 바로 '참주 정치 체제'의 등장이다.

결국 가장 최선의 정치 체제처럼 보였던 민주제가 가장 최악의 정치 체제인 참주제로 이어질 수도 있는 것이다. 흔히 말하는 중우정치의 폐해다. 소크라테스는 이러한 민주정의 이면을 두고 "극단적인 자유에서 가장 심하고 야만스러운 예속이 조성되어 나온다"고 말했다.

소크라테스가 지적한 민주제의 문제점은 우리 시대에도 나타나고 있다. 아무런 근거가 없는 말이 분명함에도 '국민을 위해', '당신을 위해' 혹은 '모두를 위해' 등등의 선전적인 말을 들으면 강한 신뢰를 가지는 때가 있지 않은가? 참주와 같은 정치가에 의해 야금야금 자신의 권리가 사라지고 있음에도 직접적인 피해가 드러나기 전까지는 느끼지 못하고 있지 않은가?

오늘날 발생하고 있는 대한민국의 아픔 역시 이러한 나태함이

낳은 결과가 아닐까. 우리가 이러한 나태함을 극복하지 못하는 이상, 소크라테스의 지적은 여전히 유효할 것이다. 자유에도 책임이 있다는 것. 그것이 바로 소크라테스가 민주제를 비판하며 남기는 가장 뚜렷한 교훈일 것이다.

3
왜 정의롭게 살아야 하는가

•《국가》 읽기 下•

소크라테스가《국가》에서 이상 국가를 논의한 것은 '나라'라는 시스템 안에서 무엇이 옳고 무엇이 그른지를 살펴봄으로써 정의란 무엇인지, 또 정의를 통해서 얻어지는 궁극적인 이익과 행복이 존재하는지를 알아보기 위해서였다. 앞서 트라시마코스와의 토론을 보며 글라우콘이 제기했던 질문, 즉 정의란 단순히 사람들이 피상적인 이익을 위해서 합의하여 정한 규칙일 뿐인 것이 아닐까? 벌을 받는 것이 두려워서나 칭송과 신뢰를 얻을 욕심 때문에 할 수 없이 정의에 따르는 것이 아닐까? 이러한 질문에 반박하기 위한 논의의 한 과정으로 국가를 살펴본 것이다.

따라서 가장 최선의 국가인 철인 통치 국가와 가장 최악의 국가인 참주 국가를 살펴본 후, 소크라테스는 다시 원래 주제인 '정의로운 삶을 사는 인간'으로 돌아온다. 가장 올바르고 정의로운 인간은 철인 통치자를 닮았을 것이며, 반대로 가장 불의한 자는 참주를 닮았을 것이다. 그들이 각각 어떤 사람인지, 어떤 삶을 살아갈지, 행복할지 비참할지를 살펴보면 우리가 오래도록 찾아온 답을 알 수 있으리라는 것이다.

정의롭지 못한 이가 불행한 이유

참주와 같은 사람은 필연적인 정의와 미덕을 추구하기보다는 돈, 권력 등 다양한 욕구를 실현하려 한다. 그리고 원하는 것을 얻기 위해 진실하지 못한 태도로 사람들을 이용한다. 이들은 누군가의 진정한 친구가 되기보다는 주인이 되거나 노예가 되면서 살아간다. 그래서 소크라테스는 참주적 성향을 지닌 사람들은 자유도 참된 우정도 영원히 맛보지 못하는 믿지 못할 사람들, 정의와 가장 거리가 먼 사람들이라 규정했다.

소크라테스 : 참주 체제의 나라를 자네는 자유로운 것이라 말하는가, 아니면 노예 상태라 말하는가?

글라우콘 : 가장 가는 노예 상태라 말하겠습니다.

소크라테스 : 그 나라에도 주인과 자유민들이 있을 텐데도 말인가?

글라우콘 : 조금은 있습니다만, 이 나라에서는 가장 다수의 가장 선량한 부류가 불명예스럽고 비참하게 노예의 처지가 되어 있습니다.

소크라테스 : 만약에 사람이 나라와 유사하다면, 참주와 닮은 사람의 영혼도 필연적으로 같은 질서 체계에 있겠지. 그의 혼의 가장 선량한 부분들은 노예 노릇을 하고, 가장 사악하고 가장 광적인 작은 부분은 주인 노릇을 하지 않겠는가? 그러면 자네는 이런 혼이 노예 상태에 있다고 말하겠는가, 자유롭다고 말하겠는가?

글라우콘 : 물론 노예 상태에 있다고 말하겠습니다.

소크라테스 : 그렇다면 노예 상태에 있는, 참주를 닮은 사람의 혼은 자신이 원하는 바를 할 수 있는 가능성이 가장 적을걸세. 이 혼은 언제나 광적인 욕망에 의해 어쩔 수 없이 언제나 끌려다녀 혼란과 후회로 가득하게 될걸세.

글라우콘 : 어찌 그렇지 않겠습니까?

참주를 닮은 사람은 겉보기에는 자기 마음대로 굴고 자유를 누리는 것 같아도 실상은 그렇지 않다는 게 소크라테스의 지적이다. 그의 영혼은 항상 궁핍하고 만족을 모르며, 두려움과 고통에 차 있다. 나라들 중에서 가장 정의롭지 못한 참주 국가가 가장 비참한 곳이 되듯이, 사람들 중에서 가장 정의롭지 못한 사람은 가장 비참한 삶을 살게 된다. 심지어 이 사람이 참주를 닮은 삶을 사는 데 그치지 않고 실제로 참주가 된다면, 그는 자신의 내면과 싸울 뿐 아니라 온 세상 사람들과 싸우면서 비참한 생을 보내게 될 것이라고 소크라테스는 말한다.

소크라테스 : 사람들에게 그렇게 보이지 않을지라도, 진짜 참주는 진짜 노예이며 가장 못된 인간들에게 굴종하는 것이 진실이네. 그는 자신의 욕구를 어떤 방식으로도 충족시키지 못하고, 제일 부족하고 진실로 가난한 것으로 드러날걸세. 그의 처지가 그가 다스리는 나라와 정녕 닮는다면 그는 일생 두려움과 고통으로 가득 차 있을걸세. 그는 가장 불운하며 주위 사람들까지도 그렇게 만들어 버리네.

글라우콘 : 지각 있는 사람이라면 누구도 선생님 말씀을 반박하지 않을 것입니다.

이렇게 가장 불의한 자가 가장 비참한 생을 산다는 것을 증명함으로써, 소크라테스는 올바른 사람이 불의한 자보다 행복하다는 것을 밝혀낸다. 철인 정치가가 다스리는 나라가 가장 많은 사람들이 행복한 곳이 되듯이 철인 정치가와 닮은 정의로운 사람은 제일 행복할 것이며, 자신의 권력을 유지하기 위해 계속해서 피를 흘려야 하는 참주적인 인간은 가장 불행할 것이다.

어떻게 살아야 행복한가

소크라테스는 이어서 올바른 사람이 불의한 자보다 행복한 근거 두 번째를 이야기하기 시작한다. 이 논증을 위해, 그는 과두 정치 체제가 추구하는 돈이라는 가치, 명예 지상 정치 체제가 추구하는 승리라는 가치를 가져온다.

소크라테스 : 우리는 인간도 지혜를 사랑하는 자, 승리를 사랑하는 자, 이익을 탐하는 자라는 세 가지 기본 유형이 있다고 말할 수 있겠지? 그리고 즐거움도 각 유형에 하나씩 세 종류가 있겠지?

소크라테스는 세 가지 종류의 사람을 제시한다. 지혜를 사랑하는 사람, 명예와 승리를 사랑하는 사람, 이익(돈)을 사랑하는 사람이다. 그리고 이 중 가장 올바른 판단을 내릴 수 있는 사람이 누구일지를 묻는다.

소크라테스는 돈을 사랑하는 사람은 자신의 이익을 쫓아가느라 정신이 없으므로 올바르고 현명한 판단을 내릴 수 없으며, 이런 사람이 지도자가 된다면 그 국가는 필히 불행할 것이라 말한다. 또한 명예를 쫓는 자 역시 개인의 승리를 제외한 나머지를 하찮게 여길 것이므로 적합한 판단을 내리지 못한다.

반면에 지혜를 사랑하는 사람은 재물이나 승리에서 얻는 즐거움을 추구하기보다는 진실을 그대로 아는 것을 가장 기쁨으로 여긴다. 또한 배우는 동안 언제나 즐거운 상태를 누림으로써 특정한 가치에 얽매이는 사람보다 훨씬 폭넓은 경험과 사려 있는 분별을 갖추게 된다.

따라서 소크라테스는 지혜를 사랑하는 사람이 그 누구보다도 가장 훌륭한 판단을 내리는 사람이자, 살면서 가장 풍부하고 참된 즐거움을 누리는 사람이라 말한다.

소크라테스 : 혼 전체가 지혜를 사랑하는 부분을 따르고 반목을 하지 않는다면, 혼의 각 부분이 다른 모든 면에서도 제 일들을 할 수 있으며 올바를 수 있고, 특히 각각이 자기의 즐거움들을, 최선의 그리고 가능한 한의 가장 참된 즐거움들을 누릴 수 있을걸세.

이때에 소크라테스가 설명하는 지혜로운 사람의 모습은 참으로 흥미롭다. 지혜로운 철인 통치자의 지도에 따라 "자기 할 일을 충실히 다하는" 정의로운 나라의 모습과 무척 비슷하기 때문이다. 이러한 방식으로 소크라테스는 결국 정의의 가치를 치열하게 밝혀내는 것이다.

소크라테스 : 이렇게 우리는 정의가 그 자체로 혼 자체를 위해서 최선의 것임을 알게 되었으며, 명예와 금전을 얻든 얻지 않든, 처벌을 받든 받지

않든 정의를 행해야 한다는 것도 알게 되지 않았는가?

글라우콘 : 더없이 진실된 말씀입니다.

이렇게 해서, 소크라테스는 어떤 상황에서나 올바른 정의라는 것이 존재하며, 그 정의를 따르는 것이 우리 삶을 진정으로 좋게 만듦을 훌륭하게 논증해낸다.

내가 처음 소크라테스라는 사람에 대해 공부했을 때, 그리고 정의라는 것에 대해 관심을 가졌을 때, 나는 정의가 참으로 간단한 말로 정리되는 것이라 생각했다. 따라서 소크라테스에 대한 책을 읽으면 정의가 손에 잡혀서 확실한 이미지로 남을 것이라 생각했던 것이다. 그러나 이는 아주 큰 착각이었음을 곧 깨달았다. 오히려 그의 말들을 듣다 보면 정의는 점점 더 멀어지는 듯했다. 마치 미궁과 같이 왔던 길을 돌아가고 또 돌아가는 것 같고, 정의는 아른아른 잡힐 듯 말 듯이 멀어져갔다.

결국 책을 다 읽고 내가 알게 된 정의 또한 명료하기는 하지만 그리 속 시원하지는 않았다. 살면서 내가 부딪히는 문제를 놓고 '이것은 정의, 이것은 불의'라고 말할 수 있는 올바름의 개념은 얻을 수 없었다. 《국가》를 읽기 전에도, 읽은 후에도 무엇이 옳은지 고민해야 하는 것은 마찬가지였다.

하지만 《국가》와 소크라테스는 나에게 더 귀중한 것을 알려주었다. 무엇이 옳은지에 대한 내 고민이 헛되지 않다는 것, 정의롭게 살려고 노력하는 것이 가치 있다는 것, 그리고 정의를 향한 끈질긴 열망. 하나하나가 무엇보다 값진 배움이었다. 소크라테스가 평생에 걸쳐 사유하고, 평생에 걸쳐 토론하고, 평생에 걸쳐 반대를 받으면서도 결코 진리를 찾는 데 지치지 않았던 비결, 그것이 《국가》에 있었던 게 아닌가 싶다.

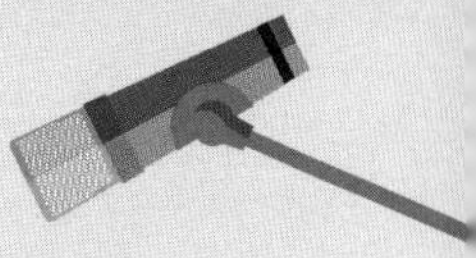

내가 만난 사람들 5

지평선 너머를 볼 수 있는 사람이 되자

이상민

국회의원
국회 법제사법위원회 위원장

일시: 2015. 6. 8. 장소: 국회의사당

이상민 위원장님을 처음 알게 된 것은 내가 중학교 2학년 때, TV로 방영된 청문회를 통해서였다. 상대방의 독재 옹호 발언을 맹렬하게 다그치는 위원장님의 발언에선 굳은 신념이 느껴졌고, 그분에 대한 존경심과 호기심이 일었다.

이후로 의원님의 활동을 지켜보면서 그 마음은 더 커졌다. 다른 의원들보다 훨씬 더 활발한 입법활동을 하시는 것, 장애가 있어 다리가 불편하시지만 대전에서 서울까지 매일 아침 기차로 출퇴근하는 열정, 여야에 관계없이 올바른 소리를 내는 강직함에 '진정한 국회의원'의 모습을 느꼈다.

이상민 의원님께 면담을 청하기 전에 나는 의원님이 발의한 법률안에 무엇이 있는지 알아보았다. 수도 무척 많았을 뿐 아니라, 선행교육규제법 등 내 삶에 직접적인 영향을 미치는 다양한 법들을 만드셨다는 것을 알게 되었다. 국회의원들이 어떤 활동을 하고 있는지 내가 그리 인식하지 못하고 살았다는 것을 깨달았다. 의원님의 지역구 사람들은 어떨지 궁금해진 나는 의원님의 행정구역인 대전 유성구에 방문하여 6개동 120명의 주민들에게 이상민 의원의 의정활동에 대한 주민 인식을 주제로 한 설문조사를 실시하여 보고서를 작성했다.

인터뷰 요청은 의원님 비서실을 통해서 드렸다. 철학을 공부 중인 고등학생으로서 의원님과 의정활동에 관심을 갖게 된 과정을 말씀드리고 의원님을 뵙고 싶은 이유에 대해 장문의 편지를 써서 보냈다. 다행히 의원님은 나의 요청에 쾌히 응해주셨고, 친구들과 함께 국회의사당을 방문할 수 있었다.

Q 장애를 딛고 이 자리까지 오르신 비결이 궁금합니다.

A 여러 사람들의 힘 덕분이죠. 나 혼자만의 힘이 아니라 친구의

힘, 선생님의 힘, 친척들의 힘……. 특히 결정적인 것은 부모님의 힘입니다. 부모님이 나를 헌신적으로 돌보지 않으셨다면 이 자리에 설 수 없었을 겁니다. 주변에 좋은 사람을 많이 뒀던 것 같아요. '네크워크의 힘' 덕분이죠.

하지만 중요한 것은 바로 '나의 의지'입니다. 반드시 해내겠다는 의지가 있어야만 합니다. 방황은 필연적인 것이지만, 그 와중에도 끝없이 노력하면 언젠가는 노력의 성과를 볼 수 있습니다. 1년 농사는 자기 마음대로 될 수 없지만, 10년, 20년, 더 나아가 30년 농사는 뿌린 대로 거둘 수 있는 법이죠.

Q 독재 옹호 발언에 대한 위원장님의 '소신 발언'이 유명한데요. 위원장님께선 소신, 즉 신념에 대해 어떻게 생각하시는지요?

A 국회의원은 국민들을 대변하는 것이죠. 국민들이 화가 나면 나는 그 국민을 대변해서 화를 내야 하는 겁니다. 당시 이태진 국사편찬위원장이 국감장에서 "독재는 상황에 따라 필요할 수도 있었다"라는 발언을 했어요. 역사의 흐름 속에서 분명히 잘못된 것을 옹호한 것이죠. 역사가 보는 시각에 달렸다지만 역사에서도 정의와 불의가 가름된 것은 분명히 있단 말이에요. 그럼에도 불구하고 한 나라의 국사 편찬을 진두지휘하고 교육하는 사람이 역사적 불의에 대해 정의라 말하는 것이 올바른 것인가? 아니란 말이죠. 나는 국민들을 대변해서 내 소신을 말한 것입니다. 결국 내 소신

발언, 내 신념은 곧 국민의 힘이자 목소리입니다. 내가 소신 있게 말하게 되는 것도, 내가 신념 있게 생활하는 것도 곧 국민이 있기 때문입니다.

Q 국회의원 분들 중에서도 비판의 칼날이 매우 예리하신 분이라 들었습니다. 특히 최근 들어 여당에 그 비판을 정조준하고 계시는데요.

A 그 비판의 칼날을 다른 말로 쓰자면 '말빨'인데, 이 말빨이 있으려면 청렴결백해야 해요. 권력의 하수인이 되어서는 안 되지요.

원래 야당의 역할은 여당에 브레이크를 거는 것입니다. 여당은 항상 야당이 발목을 잡는다고 불평하지만, 여당은 언제나 전속력으로 전진하고 싶어하잖아요. 야당이 발목을 잡지 않으면 국가라는 차는 전속력으로 질주하다 사고가 납니다. 반대로 브레이크가 너무 강하게 들면 차가 전진을 할 수 없어요. 즉 여당과 야당이 균형점을 두고 왔다 갔다 해야 하는 것이 올바른 것입니다.

그중에서도 몇몇 소신 있는 사람은 나서서 야당 여당 할 것 없이 비판을 해야 합니다. 옛 조선의 삼사(三司)의 기능을 하는 것이죠. 사실 모든 국회의원들이 삼사의 역할을 해야 하기도 하고요. 언제나 비판하고 또 비판해야 해요. 이것이 정치고, 이것이 나 같은 사람이 비판을 하는 이유입니다.

Q 미래 사회를 여는 법의 역할은 무엇이라 보시는지요?

A 법은 살아있는 것입니다. 법은 공동체를 책임지는 것이므로 정의로워야 합니다. 그런데 모든 법이 정의로울 수는 없거든요. 그러면 그 법은 고쳐져야 합니다. 늘 변화해야 하는 것이죠.
좋은 미래 사회를 여는 첫 번째 길은 법을 변화하도록 이끄는 것입니다. 사람들이 법에 대해 무지하고, 법을 무시하면 법은 세상에 도움이 되지 않고 오히려 악영향을 끼칩니다. 법이 우리의 주인이 될 수는 없습니다. 우리가 법의 주인이 되어야지요.

Q 저희와 같은 청소년들에게 남기고 싶은 말씀이 있으신지요.

A 청소년들에게는 우리가 가지고 있지 않은 가장 큰 무기가 있습니다. 바로 풋풋함! 그것이 바로 청소년들의 큰 자산입니다.
무엇이 되었든 간에 한 가지를 붙잡고 10년, 20년, 30년 자신이 선택한 길을 믿고 끝까지 물고 늘어져 보세요. 반드시 열매가 맺히게 될 겁니다. 그 일에 득도하게 되는 것이죠.
우선 자신이 득도할 대상을 찾고, 그것에 확신을 갖고 나아가는 것입니다. 앞길에 무엇이 가로막든 간에 그 장애물은 여러분의 100년 인생에서는 점보다도 작은 존재일 겁니다.
바다에 가면 푸른 물결 너머에 지평선이 있습니다. 사람들은 그 지평선 너머로는 더 이상 보지 못한다고 하지만, 여러분은 그 지평선 너머를 볼 수 있어야 합니다. 어떻게 봐야 할까요? 간단합니다. 두 눈이 아니라 여러분의 꿈, 그리고 열정으로 보는 것이죠. 여러분이 훗날 지평선 너머를 볼 수 있는 사람으로 성장하기를 바랍니다.

◆ ◆ ◆

국회에서는 예리한 비판의 칼날을 세우시면서도 우리 앞에서는 삼촌처럼 털털한 모습으로 편안하게 대해주시고, 나와 같은 고등학생의 이야기에도 깊은 관심을 가지고 들어주시는 의원님의 모습이 감명 깊었다.

의원님의 말씀을 들은 후 국회를 견학하면서 의원님은 물론 보좌관님, 다른 분들 모두가 하나 된 마음으로 공동체를 위해 열의를 갖고 일하는 모습이 무척 아름답다고 생각했다. 각자가 책임진 위치에서 최선의 훌륭함을 유지하는 것이 정의라는 소크라테스의 말이 실제로 이해되는 순간이었다. 이런 경험을 통해 책 속에서만 이해하고 알아갔던 내용들이 내 살과 뼈가 되어 하나 둘 나를 만들어 가고 있음을 느꼈다.

내가 만난 사람들 6

민주주의는 깍지 낀 손과 같은 것

김무성

국회의원
前 새누리당 대표

일시: 2015. 8. 21. 장소: 국회의원회관

이상민 법사위원장님을 찾아뵌 이후, 정치에 대한 관심이 더 깊어졌다. 정치에 대한 부정적인 편견이 깨지면서 정치가 왜 중요한 기능을 하는지 더 잘 이해하게 되었기 때문이었다. 정치인에 대해 좀 더 알고 싶어졌고, 이왕이면 이상민 위원장님과 다른 입장에 있는 분을 찾아뵈어야겠다고 생각했다. 또한 이상민 의원님이 법사위에서 활발한 활동을 하고 계신 만큼, 한국 정치 구도 전체의 큰 그림을 다루는 분으로서 당시 여당의 당대표였던 김무성 대표님을 뵐 수 있으면 좋겠다고 생각했다.

계획을 세운 나는 김무성 대표님에 대해 사전 조사를 시작했다. 언론 기사 등을 보며 약 한 달 정도 대표님에 대한 공부를 했다. 건방지게 보일지도 모른다는 두려움을 버리고, 감명 깊었던 점과 비판하고 싶은 점 모두를 포함한 나의 생각을 글로 정리하여 대표님께 전해드리고 인터뷰를 요청했다. 특히 메일 안에 대표님의 법안이나 말씀 중에 어떤 부분이 궁금한지, 어떤 이야기를 듣고 싶은지 구체적으로 설명을 드렸고, 기쁘게도 면담 허락을 받을 수 있었다.

Q 지난 2월 "민심을 기본으로 정치권이 나아갈 방향을 결정해야 한다"는 말씀을 하셨는데요. 어떤 뜻으로 하신 말인지요.

A 당시 최고의원들 모두가 걱정하던 것이 '국민이 신뢰하는 당을 어떻게 만들 것인가'라는 주제였습니다. 지금도 정치권에 대한 불신이 깊지만 그때는 더 심각했어요. 당과 정치에 대한 국민의 실망감이 제일 높았을 때였지요. 당이 국민의 신뢰를 얻기 위해서는 실제로 국민이 중심이 되는 당을 만들고, 그 안에서 결정을 해야 합니다. 그러기 위해서는 현재의 공천제도와 같은 비민주적인 시스템을 극복해야 한다고 생각했습니다.

Q 공천제도란 어떤 것이고 어떤 문제점이 있나요?

A 당의 공천을 받아야 당의 이름으로 총선에 출마할 수 있는데 이 과정에서 엄청난 비리가 일어납니다. 단적으로 말해 금전적 비리죠. 온갖 부패정치는 이 공천에서 시작하는 것입니다. 공천권을 가진 건 대표니까, 대표를 비롯해 관련된 모든 사람에게 돈을 뿌리는 거예요. 그러니까 국민들이 이 정치와 당을 신뢰할 수 있겠어요?

또 총선 때 보면 의원들이 공천받기 위해 당 대표에게 '충성'을 바친다고 하잖아요. 이것이 민주주의일까요? 아니지요. 민주주의에는 어디에서도 충성의 개념이 없어요. 지금의 공천제도는 이러한 점에서 비민주적인 거예요.

그래서 나는 개혁 방향으로 오픈 프라이머리 제도를 제안하고 있어요. 국민들에게 선택을 하게 하자는 겁니다. 총선 전에 지역구에서 국회의원 임시 투표를 해서, 여기서 이긴 사람을 공천하는 겁니다. 그러면 당 대표가 절대 권력을 휘두르기가 어렵지요.

Q 이러한 개혁 추진에 대해 당 내외에서 반발이 심할 것 같습니다.

A 심하죠. 하지만 강한 사명감이 있으면 됩니다. 제게는 의원으로서의 사명이 있고, 대표로서의 사명이 있는데 어느 쪽이든 선공후사 정신을 기초로 한 정직한 자세를 지니고 사명을 다할 생각입니다. 사실 당 대표뿐만 아니라 모든 의원들이 선공후사 정

신을 가져야 하지요. 의원이 되었으면 당 대표나 다른 정치인한테 잘할 것이 아니라 국민들에게나 잘해라 이거지요. 국민이 공이고, 그 외의 것은 전부 사입니다. 오픈 프라이머리도 이러한 정신에 기초하여 추진하는 겁니다.

Q 선공후사가 대표님께 중요한 의미를 가진 좌우명인 것 같은데요. 선공후사의 정신은 언제부터 가지게 되셨나요?

A 고등학교 때부터입니다. 당시 독재정권에 대한 투쟁을 하면서 정치를 해서 정의를 구현해 보자는 생각을 갖게 됐어요. 그때부터 정의구현을 공으로 놓고 나머지를 사로 생각했어요. 그렇게 정치에 도전해서 지금까지 온 것이지요.

Q 우리 국민들 중에는 아직도 정치를 불신하는 사람들이 많습니다. 여기에 대해서 어떻게 생각하시는지요?

A 사람들이 정치인을 싫어하는 이유는 대부분 "일도 제대로 안 하면서 싸움만 한다"는 인식 때문이지요. 그런데 민주주의란 원래 그런 거예요. 논쟁과 싸움이 민주주의입니다. 의견 대립이 있을 수밖에 없고, 정치인들은 싸울 수밖에 없습니다.

한번 손에 깍지를 껴 보세요. 깍지를 끼면 서로가 어긋나지요? 그런데 이 깍지에 힘을 줘서 잡으면 절대 풀리지 않아요. 이게 민주주의 정치입니다. 서로 엇갈리지만 그 어떤 힘보다 강한 것입니다.

우리도 이렇게 되어야 합니다. 서로가 엇갈리고 있지만 언젠가 이렇게 깍지가 되어 강한 힘을 발휘할 수 있다는 희망을 가져야지요. 국민들이 그런 기대를 가지고 정치에 관심을 가지면 올바른 정치가 되지 않겠어요?

Q 꿈을 가지고 공부하고 있는 학생들에게 전할 말씀을 부탁드립니다.

A 정치도 그렇지만 삶이란 현실이 70%, 이상이 30%입니다. 이상만 쫓다가는 현실을 놓쳐서 실패하고 말겠지만, 그렇다고 현실만 추구하면 척박한 삶이 될 겁니다. 이상과 현실의 적절한 조화가 가장 가치 있는 삶을 만드는 법입니다.

나는 이제 넘어지면 일어서기 어려운 나이가 되었지만, 고등학생은 아직 넘어질 기회가 많아요. 그러니 지금 거침없이 시도해 보세요. 이상과 현실의 조화 속에서 그렇게 살다 보면 언젠가 자신의 삶을 뒤돌아볼 때, '이만하면 수고했어'라고 말할 수 있을 겁니다.

그리고 영어 공부 열심히 하세요. (웃음) 이번에 미국 갔는데 영어를 못해서 엄청나게 고생했어요.

◆ ◆ ◆

바쁜 중에도 친근하고 성의 있게 이야기를 나눠주시는 김무성 대표님께 받은 인상은 그동안 언론보도와 사람들의 이야기를 들으며 생각한 것과는 많이 달랐다. 대표님의 이야기 속에도 내가 생각해 보지 못한 깊은 철학이 담겨 있었다. 그동안 내 작은 옹고집과 편견의 우물 속에 정치와 정치가를 가둬놓고 생각하지는 않았는지, 부정적인 편견 때문에 정치 문제에 대해 관심을 잃었던 것은 아닌지 되돌아보게 되었다. 그런 무관심 속에서 우리 삶은 더욱 힘들어졌던 것이 아닐까. 정치에서 눈을 돌리는 것이 결국 우리 삶에서 눈을 돌리는 것과 무엇이 다를까? 민주주의 국가의 주인이 국민이라면, 나라를 다스릴 책임도 국민에게 있을 것이다. 엇갈린 깍지가 힘을 발휘할 수 있도록 그 책임을 잊지 않겠다는 생각을 했다.

3장

나의 멘토
소크라테스

1
소크라테스를 만나다

나에게 소크라테스는 '신호등'과 같은 사람이다. 거리에서 신호등과 마주쳐 보았는가? 신호등은 우리가 급하게 달음박질할 때는 멈춰 서게 하고, 천천히 걷고 있으면 깜박이며 발걸음을 재촉하게 한다. 신호등 때문에 길 건너 버스를 놓칠 것 같을 때는 야속한 기분도 들고, 텅 빈 도로 앞에서 신호가 바뀌기를 기다려야 할 때는 많은 생각을 하게 만들기도 한다.

소크라테스가 바로 나에게 그런 사람이다. 때로는 정신 차리라고 각박하게 굴기도 하고, 때로는 느긋함을 가지라고 지그시 소매를 당긴다. 항상 나를 선택하게 하고 나를 생각하게 한다. 바로 '올바른 정신'에 대해서 말이다.

소크라테스는 BC 399년 독배를 들었던 사람이다. 지금으로부터 몇천 년 전에 죽은 철학자를 인생의 신호등으로 여기다니, 의아하게 보일지도 모르겠다. 그가 직접 쓴 책도 없고, 기껏해야 윤리 교과서 왼편의 작은 토막글로 존재하는 사람이니까. 하지만 사실을 말하면, 소크라테스는 나에게 놀랄 만큼 큰 변화를 가져다준 스승이자 친구이다.

내성적이고 부끄러움을 많이 타던 아이, 아토피 때문에 온 몸이 가려워 툭하면 주의력을 잃고, 온 몸에 염증이 생겨 마치 괴물처럼 보였던 아이, 아버지를 일찍 여의어 부모님 자랑조차 할 수 없었던 아이. 이 아이가 소크라테스를 만나기 전의 나였다. 왜 나는 하루하루가 이렇게 힘든지, 왜 우리 집은 남들과 다른지, 친구들은 부모님과 주말마다 즐겁게 놀러 다니는데 왜 나는 혼자 있어야 하는지 항상 고민하며 지냈고, 그런 생각들은 내 존재에 대한 고민으로 이어졌다. 왜 살아야 하는지 알지 못했고 나와 내 삶이 싫었다.

그러던 중에 나는 책을 한 권 만나게 되었다. 가정환경 때문에 혼자 있는 시간이 많았던 나는 책, 특히 역사책을 좋아했고, 초등학생 때부터 짬만 나면 서점에 가서 시간을 보내곤 했다. 그날도 서점에 가서 돌아다니는데, 엄청나게 커다랗고 멋지게 생긴 책 한 권이 눈에 띄었다. 아직 작았던 내 키에 우연히도 딱 맞게 꽂혀 있던 책 한 권,《국가》. 이것이 나와 소크라테스의 첫 만남이었다.

그 순간은 지금도 생생하다. 커다랗고 묵직한 양장 도서, 표지에 그려진 화려한 아테네 학당의 모습이 너무나 멋있어 보였다. 그때의 내가 이해하기에는 너무 어려운 내용이었지만, 그저 마음이 끌려 집어 들고 페이지를 넘겼다. 그러다가 보게 된 소크라테스의 말 한 마디가 있었다.

"나는 도저히 정의가 무엇인지 알지 못하겠네만, 그래도 정의를 구원하기 위해 최선을 다하도록 할걸세."

그 말이 나에게는 이렇게 들렸다.

"나도 내 삶이 무엇인지 모르겠지만, 그래도 살아야겠다."

그것이 소크라테스와 나의 첫 만남이었고, 나와 철학과의 만남이었다. 정의가 무엇인지 몰라도 그것을 구원하고야 말겠다는 소크라테스의 의지가 나에게는 희망이 되고 힘이 되었다.

그때부터 소크라테스는 나의 내면의 목소리가 되었다. 소크라테스는 자신에게 '다이몬'이라는 정령이 있어 항상 마음속에서 말을 걸며 올바른 길로 이끌어준다고 말하곤 했는데, 나에게 있어서는 소크라테스가 다이몬이었다.

아토피의 끔찍한 가려움이 나를 괴롭힐 때 소크라테스는 말했다. "아토피를 평생의 동반자로 삼는 것이 어떻겠는가?" 아버지가 없다는 서러움에 밤새도록 울고 있을 때, 소크라테스는 내 등을 다독였다. "네가 누군가의 훌륭한 아버지로 살아라, 아픔을 기억해서 다시 일어서라." 친구들이 놀리고 괴롭힐 때, 소크라테스는 손을 잡아주었다. "한 평생 미움을 받으며 시민들의 등에가 되었던 나를 생각해라. 더욱 강하게 부딪쳐라." 중학교 때, 어머니가 알코올 중독에 빠지셔서 한참을 방황하실 때, 소크라테스는 늦은 밤을 나와 함께 있었다. "어머니의 사랑은 죽지 않는다. 지금 네가 보고 있는 어머니는 그 본질이 아니다."

소크라테스는 언제나 내 곁에서 함께했다. 어려운 일이 있을 때마다 조언을 주었고, 친구가 되어주고 자신감을 주었다. 소크라테스가 말하는 것들에 따르기 힘들 때도 많았다. 이룰 자신도 없고 얼토당토않게 느껴지는 일투성이였다. 나에게 고통만 주는 아토피를 어떻게 친구로 삼으라는 것인지. 이렇게 힘들고 서럽기만 한데 어떻게 더 강해지라는 것인지.

하지만 지금, 고등학교 3학년이 된 나는 아토피를 극복하고 훌륭한 아버지가 되겠다는 신념으로 하루하루를 당차게 살아가고 있다. 한때는 평생 친구 없이 지낼 것 같았지만 지금은 인생을 함께할 수 있다고 자신하는 멋진 친구를 만나게 되었다.

철학 공부를 하다가 생긴 질문거리들을 대학교 교수님들께 문의하면서, 존경스러운 분들과의 인연도 생겼다. 교수님들은 관심을 갖고 내 질문에 답해주시면서 나의 호기심과 적극적인 행동을 한껏 칭찬해주셨다. 몇몇 교수님께서는 나를 직접 지도하고 싶다고 해주셨고, 주말마다 교수님들, 대학생, 대학원생들과 함께 연구수업을 진행하기도 했다.

이런 나날을 보내면서 나는 자신감을 회복하기 시작했다. 중학교 때까지만 해도 나 스스로를 멍청이, 바보라 생각했는데, 나는 나대로 관심 있는 학문이 있고, 나만의 꿈이 있는 것을 알게 됐다. 나는 점점 적극적이 되었고 공부에 재미를 느꼈다. 내가 좋아하는 분야에 열심히 정진하다 보니 주변에도 내 꿈을 인정하고 나를 도와주는 사람들이 늘어났다. 학교에서는 다양한 견학 프로그램과 체험활동을 지원해주었고, 교수님께선 내가 모르는 것을 알려주시거나 공부할 방향을 제시해주셨다. 대학생 형, 누나들은 내가 보고 싶어 하는 논문을 출력해주시고, 대학 도서관에 출입할 수 있도록 도와주기도 했다.

그러면서 내가 보고 느끼고 이해하는 세상은 엄청나게 넓어졌다. 세상의 확장을 경험해 보니 그만큼 내가 부족한 부분, 채워야 할 부분도 알게 되었다. 그간 해야 할 필요성을 느끼지 못했던 영어를 공부하기 시작했고, 피타고라스의 철학을 공부하다 보니 수학이 재미있어지기 시작했다. 아직은 많이 부족하지만 이렇게 즐기면서 공부할 수 있다는 사실이 얼마나 행복한지 모른다.

최근에는 또다른 변화를 맞이하게 되었다. 나의 진로를 더 구체화하게 된 것이다. 한때는 단순히 소크라테스와 철학에만 골몰했지만, 철학과 철학의 사회적 실천에 관심을 두면서 법에 대한 관심이 점점 커지고 있다. 법이 사회의 가장 근본이 되며, 철학에 기초하고 경제학을 포괄할 수 있는 넓은 범위의 개념임을 알게 된 것이다. 더구나 법이란 '법은 왜 강제성을 지니는가'와 같이 대단히 철학적이면서도 나의 호기심을 자극하는 질문들을 가득 안은 영역이었다.

아직 법률가니 법학자니 하는 식으로 희망 직업을 딱 정한 것은 아니지만, 얼마 전부터 나는 법철학에 깊은 관심을 갖고 공부의 방향을 잡아가고 있다. 법에 대한 다양한 책도 읽고, 정치와 사회에서 일어나는 여러 가지 사건에도 더 관심을 갖고 살펴보고 있다. 부족한 부분들은 선생님께 여쭤보기도 하고, 그간 인연을 맺은 대학교 형과 누나, 그리고 여러 교수님들에게 도움을 받으며 공부를 계속하는 중이다. 소크라테스와의 만남과 함께 시작된 신기한 변화는 지금도 내 내면의 목소리와 함께 계속되고 있다.

신호등은 나 대신 길을 걸어 주지 않는다. 짐을 들어주지도, 지름길을 가르쳐주지도 않는다. 하지만 나 스스로가 급하게, 자신 없게, 주체 없이 살아갈 때, 신호등은 상황에 따라 나 스스로를 바로잡게 만들어준다. 수천 년 전의 소크라테스는 죽었지만, 그의 정신은 나와 함께 온전하게 살아있다. 그는 시대를 뛰어넘어 영원히 죽지 않는 나의 친구다.

2
소크라테스로 세상을 만나다

철학자가 되고 싶었다. 이것은 내가 《국가》와 만난 후 곧바로 하게 된 생각이었다. 정의에 대한 열망, 명정한 논리로 정의를 차근차근하게 설명해가는 소크라테스의 모습에 매혹되었고, 제 2의 소크라테스가 되고 싶다고 생각했다.

하지만 소크라테스에 대해 공부를 하던 나는 당혹스러운 사실에 부딪혔다. 나는 소크라테스의 제자인 플라톤이 남긴 책들을 통해 소크라테스의 사상과 주장들을 알아가고 있었다. 플라톤이 쓴 책들 중 〈대화편〉이라고 불리는《소크라테스의 변명》,《국가》,《파이돈》과 같은 책들은 대부분 소크라테스와 다른 사람들이 대화하는 형식으로 되어 있었기에, 나는 그 말들이 소크라테스의 육성이라 믿어 의심치 않았다. 하지만 그러던 중 그 내용 어떤 부분은 소크라테스의 입을 빌린 플라톤의 주장임을 알게 되었다.

참으로 난감했다. 어디까지가 소크라테스의 생각이고, 어디서부터가 플라톤의 주장일까? 내용이 중요하지 누가 한 말인지가 왜 중요하냐고 할지 모르지만 나에게는 그렇지 않았다. 나는 소크라테스를 친구처럼 생각하고 있었을뿐더러, 소크라테스의 말과 소크라테스의 삶은 따로따로가 아닌 하나였다. 무지를 깨우치고 진리를 찾는 데에 평생을 바쳤고, 정의에 따르기 위해 죽음마저 태연하게 받아들인 소크라테스였기에 그가 말하는 진리와 정의는 더욱 큰 무게를 갖는 것이었다. 나는 고민에 빠졌고, 순수한 소크라테스의 주장을 알고 싶다는 마음으로 가득 찼다.

벽에 부딪힌 나에게 해답을 준 것도 역시 소크라테스였다. 소크라테스가 누구던가. 궁금한 것이 있으면 누구든지 붙잡고 질문을 던졌던 사람이 아니던가! 나는 누군가에게 질문을 해야겠다고 결심했다.

철학과 교수님께 편지를 쓰다

이제까지는 웬만한 질문거리는 학교 선생님께 물어보거나 인터넷에 검색해서 해결하곤 했다. 하지만 소크라테스와 플라톤은 기원전의 까마득한 옛날 사람이고, 기록도 제한적으로밖에 남아 있지 않다. 누구에게 질문을 해야 내 궁금증을 해결할 수 있을지 고민하던 나는, 경희대학교에서 철학을 강의하고 계신 송유레 교수님이 플라톤 철학의 전문가라는 사실을 알게 되었다.

아직 중학생이었던 내가 일면식도 없는 선생님에게 불쑥 질문 메일을 보내는 데에는 커다란 용기가 필요했다. 하지만 소크라테스의 진짜 철학에 대해 알고 싶은 마음이 더 컸다. 나는 내 고민과 궁금한 점을 메일로 적어 송유레 교수님께 보냈다.

답변 메일은 곧바로 왔다. 교수님께서는 친절하고 자세하게 내 질문에 답해주셨다. 교수님께서는 소크라테스와 플라톤을 딱 잘라 정확하게 구분할 수는 없다고 하셨다. 또한 소크라테스는 직접 남긴 저작이 없기 때문에, 소크라테스에 대해서는 대부분 플라톤의 초기 대화편들을 통해 흔적과 사상을 확인할 뿐이라고 말이다. 하지만 플라톤은 소크라테스의 제자이며 소크라테스에게서 많은 영향을 받았기 때문에, 플라톤의 사상은 소크라테스 철학의 범주에서 크게 벗어나지 않을 것이라는 게 교수님의 말씀이었다. 그리고 혹시 플라톤의 사상이 소크라테스에게서 벗어나는 부분이 있다면, 그것은 플라톤의 제자 아리스토텔레스의 철학을 공부하면 확인할 수 있을 것이라고 교수님은 덧붙이셨다.

교수님의 대답을 듣고 공부를 계속하면서, 나는 두 사람의 생각을 구분해내야 한다는 생각에서 자연스럽게 벗어날 수 있었다.

플라톤이 비록 책에 자신의 주장을 담았다고 하더라도 그 주장의 원천은 소크라테스였을 뿐만 아니라, 플라톤의 주장과 철학은 소크라테스라는 거대한 틀에서 발전된 모습이라는 것이었다. 그렇게 바라보니 오히려 플라톤에 대해 더 잘 이해하고 싶은 마음이 생겨났다.

사람과 만나서만 배울 수 있는 것

이후에도 나는 궁금한 것이 생길 때마다 교수님과 메일을 주고받았고, 교수님의 조언을 들어가며 더 즐겁고 깊게 공부할 수 있었다. 나름의 생각을 가지고 공부한 내용을 내 글로 정리하기를 계속하다 보니, 2014년 말에는 《소크라테스, 정의의 촛불이 되다》라는 제목으로 지금 이 책의 바탕이 된 책 한 권을 묶어낼 수 있게 되었다.

완성된 책을 들고 생각한 것은 송유레 교수님께 꼭 책을 드리고 싶다는 것이었다. 감사의 뜻을 표현하고 싶은 것은 물론, 메일만이 아니라 교수님을 직접 만나 뵙고 철학에 대한 이야기를 나눠보고 싶은 마음이 커졌다. 내가 아무리 소크라테스 철학에 대해 열심히 공부했다고 하더라도, 교수님과는 비교도 할 수 없는 차이가 있을 것이다. 그 차이는 어떤 것일까? 평생 플라톤을 연구하신 교수님은 소크라테스와 플라톤에 대해서 어떤 생각을 갖고 계실까? 직접 뵈면 교수님 같은 수준에 더 가까워지기 위한 지름길을 배울 수 있지 않을까? 나는 메일로 교수님께 만나 뵙고 싶다는 말씀을 드렸고, 교수님은 쾌히 방문을 허락해주셨다.

교수님과 만나는 날을 기다리면서 나는 평소보다 더 열심히 철학 공부를 했다. 그동안은 항상 내가 궁금한 것을 메일로 물어보았지만, 이번에는 교수님이 어떤 연구를 주로 하시는지에 관심을 갖고 교수님이 쓰신 논문을 읽어보았다. 관련된 내용에 대해서도 나름대로 공부를 했고, 나만의 생각을 가지고 이야기할 수 있도록 생각을 가다듬고 사유하는 연습도 했다.

약속한 날 교수님을 만났을 때, 대화를 통해서 나는 단순히 지식만 얻은 것이 아니라 많은 감동과 반성의 계기, 마음에 와 닿는 깨달음을 함께 느낄 수 있었다. 말씀하신 내용뿐 아니라 교수실의 모습, 다정하고 차분하신 태도, 밝은 미소에서도 느껴지는 것이 있었다. 철학의 역할, 철학을 공부하는 사람의 자세에 대한 교수님의 말씀들은 내 마음에 화살처럼 날아와 박히는 것 같았다.

그런 과정을 겪으면서 나는 왠지 혼자 공부할 때에 비해 내가 부쩍 자라나고 더 많이 달라진다는 생각이 들었다. 한 사람과의 만남을 위해서 나는 만남 전부터 스스로를 단련하고 성장시켰고, 그것을 바탕으로 실제 만남에서 더 깊고 마음에 와 닿는 것들을 배울 수 있었다. 소크라테스가 어째서 거리로 나가 사람들에게 질문을 던졌는지, 혼자 책상 앞에 앉아 깊은 생각에 빠지는 것이 아니라 사람들과 대화를 주고받으며 생각을 발전시켜나갔는지 알 것 같았다.

내 꿈으로 가는 길

나는 더욱 적극적으로 사람들과 만날 기회를 만들어가기 시작했다. 마침 학교에서도 체험활동 프로젝트에 지원을 많이 해주었다. 친구들과 함께 활동계획서를 쓰고, 토론을 하면서 무엇을 여쭐지 함께 정하는 것도 즐거웠다. 〈Who Am I〉 강연으로 유명한 최진석 교수님, 원로 지식인 백낙청 교수님, 전 국무총리 정운찬 교수님……. 철학을 공부하는 만큼 현실 정치에도 관심이 생겨서 이상민 의원님과 김무성 전 새누리당 대표님도 찾아뵈었다. 국회 견학도 하고, 출판사에도 가볼 수 있었다.

물론 내가 만나고 싶다고 해서 덥석 만날 수 있는 분들은 아니었다. 나는 내가 고등학생이라는 점을 어필해야겠다고 생각했다. 만나고 싶은 분이 생기면 두세 달 간 사전조사를 많이 했다. 그분들의 약력은 물론 저서나 언론 보도 내용 등을 꼼꼼히 읽고, 그에 대한 나의 생각을 정리했다. 그리고 그 내용을 바탕으로 길고 정중한 면담 요청 메일을 썼다. 그분들의 활동과 내가 하고 있는 공부의 연관성에 대해 설명을 드리고, 만나 뵙고 싶은 이유와 만나서 여쭙고 싶은 내용에 대해 구체적으로 적었다. 김무성 전 새누리당 대표님을 뵈었을 때는 대표님이 발의하신 법안이나 오픈 프라이머리 제도에 대한 내 의견을 말씀드리고, 더 자세한 것을 여쭙고 싶다고 청을 드렸다. 이상민 의원님과의 면담 전에는 미리 의원님의 지역구인 대전 유성구에 방문해서 의원님에 대한 설문조사를 했다.

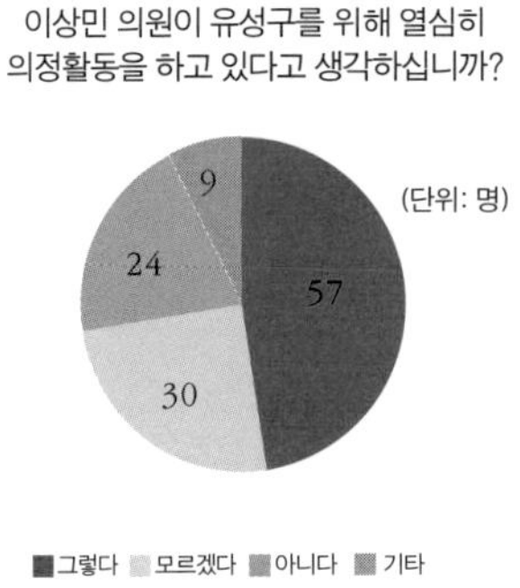

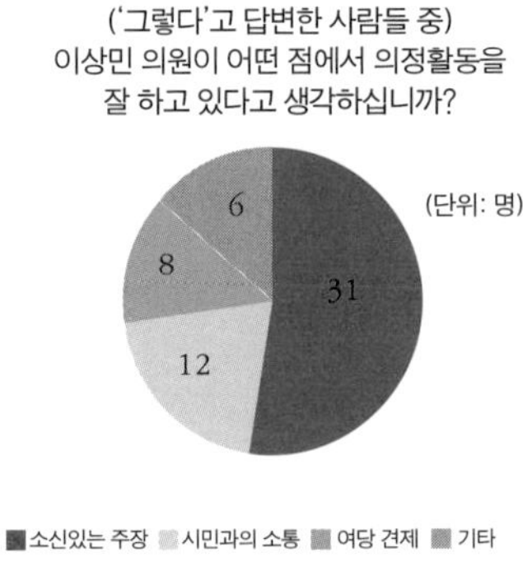

대전 유성구에서 진행한 설문조사 일부

아무리 준비를 많이 해도, 막상 선생님들을 뵐 때면 항상 잔뜩 긴장이 되었다. 약속장소가 가까워지면 '혹여나 실수라도 하면 어떻게 하지', '나를 보고 실망하실 수도 있을 거야' 등등 온갖 잡생각이 마음을 덮어버리곤 했다.

해프닝도 있었다. 질문을 잔뜩 준비해 갔는데 선생님이 워낙 말씀을 길게 하셔서 다 여쭤보지 못한 일도 있었고, 서울 지리에 익숙지 않다 보니 지하철을 잘못 타서 약속 시간에 엄청나게 늦는 당황스러운 경험도 했다. 반대로 워낙 바쁜 분께 인터뷰 요청을 드렸다가 당일 급한 일정이 생기시는 바람에 약속한 시간보다 몇 시간씩 기다려서야 겨우 만남을 가진 일도 있었다. 이상민 의원님을 뵈려고 국회를 방문했을 때는 후문에서 방문신청서를 쓰고 신분증을 제시해야 했는데, 내가 워낙 나이 들어보이는 외모이다 보니 국회 경비원에게 고등학생 맞냐고 재차 질문을 받기도 했다.

하지만 막상 만남의 시간이 되면 사소한 해프닝이나 잡스러운 불안은 금방 잊혀졌다. 선생님들은 항상 감동할 만큼 친절하게, 친구처럼 친근하게 대해주셨다. 적극적으로 꿈을 찾는 청소년들을 볼 수 있어서 기쁘다고 진지하게 말씀하시는 분들이 많았다. 한 사람 한 사람 일일이 악수를 나눠 주시기도 했다. 개인적인 이야기를 귀 기울여 들어 주신 분도 계셨고, 앞으로의 꿈이나 내가 쓰고 있는 원고에 대해 말씀드리면 꼭 응원의 말씀을 해주셨다. 김우창 교수님을 찾아뵈었을 때에는 교수님의 제자인 문광훈 교수님이 우리들을 만나보겠다고 일부러 오셔서 함께 이야기를 나눠주시기도 했다.

이런 경험을 하면서 나는 차곡차곡 힘과 자신감이 쌓여가는 것을 느꼈다. 내 분야에서 내가 잘 할 수 있겠다는 자신감. 쉽지 않아 보이는 이 세상 속에 응원자가 있다는 희망. 내가 배우고 경험했던 일들이 수북하게 쌓이기 시작했다. 부족했던 생각들도 점점 채워져 갔다. 남들에게 자신 있게 내 활동을 소개할 수 있게 되었고 내 꿈과 연관 지어 소크라테스를 소개할 수 있게 되었다. 불안하고 의기소침해질 때 여러 선생님들로부터 들은 응원과 좋은 말씀은 항상 힘을 북돋아주었다. 내가 과연 철학자가 될 수 있을까 걱정스런 마음에 싸여 있었을 때, 정운찬 교수님께 들은 "꿈꾸는 자 그 꿈을 닮아간다"는 말은 더없는 위안이었다.

나는 소크라테스를 닮고 싶다. 소크라테스가 자신의 무지를 스스럼없이 공개하고, 모든 이에게 질문을 던지며 그 무지를 채워나갔듯이 앞으로 나 역시도 많은 사람들 앞에 겸손하게 나를 보이며 내 무지를 채우고 모두와 함께 지혜를 키우는 어른이 되고 싶다. 그리고 소크라테스를 닮아가는 길은 책 속만이 아니라 사람들 사이에도 있을 것이라 믿는다. 거리에 나서는 소크라테스의 마음으로, 앞으로도 계속 사람들에게 말을 걸고 질문하며 세상을 알아가고 싶다.

내가 만난 사람들 7

여러분은 죽어있는 시대의 깨어있는 청년들

김우창

고려대학교 영어영문학과 명예교수

일시: 2015. 2. 3. 장소: 네이버 문화재단

김우창 교수님은 내가 이 시대의 현인이자 지성인으로 꼽는, 살아가면서 꼭 뵙고 싶었던 분이다. 나는 네이버의 문학과학 강연 프로그램 〈열린연단〉에서 김우창 교수님이 강연하신 〈문화의 안과 밖: 객관성, 가치와 정신〉의 강연록을 읽고 그분의 세계에 푹 빠졌다. 김우창 교수님의 글을 계속 접하면서 내 동경은 점점 커졌고, 그분이 제시하는 가치가 우리 사회에 꼭 필요한 방향표라는 생각에 말씀을 듣고 싶었다.

뜻이 맞는 친구들과 머리를 맞대고 메일을 쓴 후, 교수님께 정중하게 면담요청을 드렸다. 〈문화의 안과 밖: 객관성, 가치와 정신>을 다시 읽으면서 교수님의 생각에 대해 내가 공감했던 부분들을 되새기고, 김우창 전집에 실린 에세이와 평론들을 찾아 읽으며 교수님의 생각을 바로 이해하기 위해 노력했다. 그 내용들을 바탕으로 교수님께 드릴 질문들을 준비했다.

Q 인문학이 우리 삶의 뼈대를 구성한다는 것은 어떤 의미인가요?

A 인문학이 무엇이라고 생각합니까? 인문학은 곧 인간입니다. 우리의 문화, 말, 행동 모든 것이 곧 인문학이 된 것입니다. 따라서 우리의 정신적 가치 또한 인문학의 범주를 벗어날 수 없는 것이지요.

Q 오늘날 인문학이 위기를 맞고있다고 하는데요, 그 이유는 무엇이고 해결 방법에는 어떤 것이 있을까요?

A 현대의 문명과 기술의 발달이 가장 큰 원인입니다. 문제는 이러한 발달된 문명과 기술을 부정하기도 어렵고, 부정하려고 해도 결국 은연중에 받아들이게 된다는 것이지요. 그러므로 문명의 도입을 인정하면서도 진보하고자 노력하는 것이 중요합니다. 문명

이 발달한다고 해서 그것을 진보라고 부를 수는 없습니다. 진정한 진보는 인문학적 성찰과 더불어 해야 가능한 것입니다.

지금 우리가 부딪친 문제의 해결 방법은 성찰의 미학에서 찾을 수 있다고 봅니다. 2차대전 후 패전국이 된 독일이 위기를 극복한 것도 성찰에 바탕을 두었기 때문입니다. 이전의 화려한 문명이 잿더미가 된 후 독일은 정신의 빛, 시, 그림, 음악과 같은 정신적 가치를 재건의 밑거름으로 삼았지요. 그 덕분에 다시 부흥할 수 있었습니다. 우리 사회도 이러한 성찰이 필요한 시점이 아닐까 생각해봅니다.

Q 어떤 것이 성찰의 대상이 되나요? 또 성찰하는 능력을 키우려면 어떻게 해야 할까요?

A 예를 들어 모두가 가지고 있는 스마트폰을 봅시다. 얼마나 많이 발전하고 널리 보급되었습니까? 이런 것들을 무작정 사용할 것이 아니라 비판적 안목으로 진지하게 성찰해 보아야 합니다.

진정한 성찰은 마음과 진심을 담아 살펴보는 것입니다. 요즘 우리 청소년들 중에서 성찰과 진보를 위해 고전 문학이나 철학책을 읽는 학생이 많지 않습니다. 우리는 이러한 모습을 진지하게 반성해야 할 필요가 있습니다. 이런 것이 현대문명의 피폐함을 극복하는 첫 단계입니다.

청소년 여러분은 지금 그 누구도 가질 수 없는 소중한 시간을 보내고 있습니다. 그렇기에 언제나 면밀하게 자신을 성찰해야 합니다. 그래야 자신의 문제를 쉽게 알아차리고 더 빨리 변할 수 있습니다.

그리고 여러 언어를 더 많이 알아가야 합니다. 세계는 경제, 정치, 문화 등 여러 면에서 하나로 통일되어가고 있습니다. 이런 상황에서 자신의 영역을 확장해나가기 위해서는 많은 것을 접해 보고 도전해 봐야 합니다. 그리고 그를 위한 최선의 방법은 다양한 언어를 알아가는 것이지요.

언어만큼 흥미롭고 인문학적인 것도 없습니다. 영어만이 아니라 독일어, 라틴어 등 다양한 언어를 한번 접해 보세요. 그러면 우리가 맞닿아 있는 영역들이 얼마나 넓은지, 그에 비해 우리 영역은 얼마나 작은지 알게 될 겁니다.

◆ ◆ ◆

내가 단 한 번이라도 내 삶과 삶을 이루는 것들을 비판적인 안목으로 바라보았던 적이 있었는지 다시 고민해 보았다. 많은 고고전문학과 철학 책을 읽어도 이성으로만 이해하고 받아들였지 마음으로 대했던 적이 없었다.

김우창 교수님께선 지성을 심미적인 가치로 만들고 싶어 하셨다. 이전까지 나는 지성이란 이성만으로 이루어진 것, 객관적이고 냉철하기만 한 개념으로 알고 있었다. 그러나 이제는 지성에도 따뜻한 지성이 있음을 알게 되었고, 오히려 그것이 참된 지성이라는 생각을 하게 되었다.

| 마무리 글 |

담쟁이

소크라테스는 죽었다. 스스로 죽음을 택했다. 그의 죽음은 마지막까지 정의의 본질을 훼손시키지 않기 위한 선택이었다. 어떤 이들은 그가 죽음을 두려워했으나 정의를 수호하기 위해 영웅적인 희생을 했다고 한다. 하지만 나는 왠지 그렇다는 생각이 들지 않는다. 그의 마지막을 그린《파이돈》을 보면 그는 비장하거나 결연한 의지에 차 있는 것이 아니라 아주 태연하고 행복해 보이기까지 한다. 그에게 있어, 정의가 무엇인지 안다면 그것을 따르는 것은 당연한 일이었다. 그는 법을 따르는 것이 정의라 확신했다. 아는 대로 실천하는 것은, 설령 그 결과가 죽음이라고 해도, 소크라테스에게는 두려운 것이 아니라 아주 행복한 일이었을 것이다.

재판정에서 변론을 했던 것 역시, 무죄를 선고받기 위한 것이 아니라 단지 진실을 말하기 위한 것이었을 것이다. 소크라테스에게 진실은 자신을 변호하는 수단이 아니라 그 자체가 목적이었다. 진실을 구원하기 위해 거짓을 논박하는 것은 그에게 당연한 일이었다. 재판관들에게 자신의 결백을 주장하고 오히려 역으로 아테네의 문제점을 지적한 것 역시 단지 진실을 위해서였다. 진실이기 때문에 진실을 말하는 것. 그리고 거짓이기 때문에 거짓을 지적한 것. 그것이 소크라테스가 살아온 삶이자 정의였다.

소크라테스 : 글라우콘, 이 이야기는 없어지지 않고 구제되었네. 그리고 우리가 이 이야기를 믿으면, 이 이야기는 우리를 구제해줄걸세.

-《국가》에서

소크라테스는 무엇이든 행동하기에 앞서 '정신의 올바른 선'을 추구했던 사람이었다. 지금도 아테네에 가면 볼 수 있는, 생각하는 소크라테스의 동상처럼 그는 항상 그 자세로 지나가는 수많은 사람을 보며 골똘하게 생각에 잠겨 있었다. 아테네가 전쟁으로 황폐해졌을 때도 사유의 끈을 놓지 않았다. 심지어 그가 군인으로 전쟁에 참여했을 때는 야간 보초의 교대 없이도 닭이 울 때까지 생각을 부여잡았던 사람이었다. 그만큼 지혜를 사랑하고, 자신을 이해하고자 했던 철학자가 또 어디에 있었을까.

당시의 아테네는 무지하고, 자만과 이기심이 넘치고, 타락한 사람들로 가득 차 있었지만, 소크라테스는 그러한 현실에서 눈을 돌리거나 좌절하여 현실에 안주하지 않았다. 그의 철학은 생각에 그치지 않았던 것이다. 소크라테스는 자신 스스로가 아테네의 등에가 되기를 원했다. 긴 사유 끝에는 언제나 기나긴 토론이 있었다. 지나가던 행인을 붙잡고 그 무지를 깨우쳤고, 유명한 소피스트들 역시 소크라테스의 지혜에 굴복하고 말았다. 하지만 그 때문에 사람들의 미움을 산 소크라테스는 얼마 안 가 아테네 인들에 의해 사형을 언도받는다. 죄목은 화려하고 정당해 보였으나 그 이면의 이유는 단 한 가지, 소크라테스가 '정신의 올바른 선'을 추구했기 때문이었다. 이익에 눈이 먼 정치가들과 시기심에 찬 소피스트들이 시민들을 선동했다. 아테네 시민들은 소크라테스의 선과 정의에는 눈을 감은 채, 무지에 이끌려 참혹한 결과를 만들고 말았다.

그러나 곧이어 아테네 시민들은 진실에 눈을 감고 무지를 선택한 결과를 눈으로 보게 된다. 이미 쇠락의 길을 걷고 있던 아테네를 되살리는 길은 구성원 모두가 깨어나는 수밖에 없었지만, 등에의 역할을 자처했던 소크라테스가 없어지자 무질서밖에 남지 않았다. 소크라테스가 없는 거리는 소피스트의 판이 되었고, 모두가 민주적으로 토의를 진행해야 하는 아고라는 이익에 눈이 먼 정치가들이 차지했다. 귀찮고, 번거롭고, 짜증나고 증오의 대상이 되던 등에가 정작 자신의 삶을 최선으로 이끄는 존재였다는 것을 아테네 시민들은 뒤늦게 깨달았다. 아테네 시민들은 찬란했던 문명의 몰락으로 자신들의 선택을 책임져야 했다.

지금 우리 사회는 당시의 아테네에 비교하면 어떠할까. 우리는 우리의 등에, 우리의 신호등의 경고에 귀를 기울이고 있을까?

미덕과 가치, 정의가 무엇인지 신념을 가지고 이야기하는 사람을 찾아보기 힘들다. 우리 모두가 언제부터인가 돈과 성공에 몰입하고 있고, 소소한 일상적 삶, 주변 사람들과의 관계마저도 돈과 사회적 성공의 잣대로 재어진다. 진정한 정신적 가치는 무시되고, 찰나의 이익이 세상을 지배하고 있다.

만일 소크라테스가 현대에 다시 태어난다면 오늘날의 우리를 보고 뭐라 말할까. 그의 앞에서 돈이 가장 중요한 가치이며 공부는 돈을 벌기 위해 하는 것이고 지혜는 돈의 옥좌에 앉아 있는 것이라고 말한다면 그는 어떻게 반응할까. 아마 소크라테스는 우리 모두의 무지를 깨우쳐주려다 다시 독배를 들어야 할 것이다. 하지만 소크라테스는 다시 살아나지 않는다. 독배를 마셔야 할 사람은 소크라테스가 아니라 우리다. 우리가 가지고 있던 정의에 대한 막연한 공포심과 불의에 독배를 선사해야 하지 않을까.

나는 몇 년 전 정의 열풍이 불어닥친 것이 우연이라고 생각하지 않는다. 소크라테스는 설령 정의롭지 못하게 살고 있는 사람이라고 하더라도, 사람들의 마음속에는 약간의 정의심이 깃들어 있다고 생각했다. 옳고 그름이 무엇인지에 대한 고민, 부당한 일이 있을 때 항의하고 싶어 하는 마음, 정의에 대한 끌림, 누구나 가지고 있는 이런 크고 작은 마음들이 그런 정의심이라고 할 것이다.

정의를 찾기 위해서, 우리 사회를 정의로운 곳으로 만들기 위해서 우리는 소크라테스가 말하고 있는 진정한 철학자가 되어야 하지 않을까. 단 한 사람이 진정한 철학자가 되는 세상이 아니라 모두가 철학자가 되는 세상으로. 그래서 모두가 각자에 걸맞는 위치에서 지혜와 혜안을 발휘하여 올바른 나라를 이끌어 가는 것이다. 우리는 철학자가 될 수 있다. 철학을 공부하고 전문적으로 연구하는 것만이 철학자가 되는 길이 아니다. 옳고 그른 것이 무엇인지, 더 나은 세상이 무엇인지 고민한다면, 올바름과 진실함을 찾겠다는 사명감을 갖는다면, 내 생각과 내 삶을 일치시킬 방법을 찾으려 한다면 우리는 모두 철학자가 될 수 있다.

《국가》의 마지막 장은 다음과 같은 소크라테스의 말로 맺음하고 있다.

소크라테스 : 내가 충고하고 싶은 것은 우리는 혼이 불멸하며 어떤 악도 어떤 선도 감당할 수 있다는 것을 믿고 끊임없이 향상의 길을 나아가며 가능한 방법을 다해 지혜와 정의를 추구해야 한다는 것이네. 그래야

만 우리는 이승에 머무르는 동안에도, 경기의 우승자들이 상을 타가듯 우리가 나중에 정의의 상을 탈 때도, 우리 자신이나 신들과 친구가 될 수 있을 것이네. 또한 이승에서도, 앞서 우리가 이야기한 천 년의 여로에서도 우리는 행복할 수 있을걸세.

마치 소크라테스 자신의 마지막을 이야기하는 듯해 여운이 깊다. 다시 《파이돈》으로 돌아가자면, 소크라테스는 죽으면 하늘에서 수많은 고대 신화의 영웅들과 신을 만날 생각에 들뜬다고 말했다. 나는 이러한 표현에서 그가 어린애와 같다고 느꼈다. 우리도 어디로 여행을 가거나 혹은 연예인을 만나기 전날이면 심장이 두근거려 잠을 못 이루지 않던가. 소크라테스는 자신의 죽음을 그렇게 설레는 기분으로 묘사했다. 정의를 지키기 위해 죽는 사람의 모습치고는 참으로 순수한 모습이다.

소크라테스의 마지막 모습은 정의에 대한 순수한 사랑을 보여준다. 정의를 위해 비장한 각오를 하는 것도 좋지만 정의를 마치 친근한 친구처럼 우리 삶에 가까이 두어야 한다는 것, 그것이 소크라테스가 생각하고 실천했던 바가 아닐까. 정의에 대한 믿음과 열망을 잊지 않는 것, 우리의 정의심이 옳다고 말하는 그대로 사는 것, 그래서 우리의 정의심이 꺾이지 않도록 하자는 것이 소크라테스가 우리에게 보여주고 싶어 한 진리가 아닐까.

나는 소크라테스가 찾고자 했던 정의를 하나의 이상으로 치부

해버려서는 안된다고 생각한다. 그 역시 완벽한 이상 국가를 실현하기 어렵다는 것을 알고 있었지만, 이상의 정의가 무엇인지 알고 끊임없이 그에 가까워지려 노력하면 그것으로 충분히 좋다고 말했다.

우리는 소크라테스가 트라시마코스의 주장을 논파한 순간을 잊지 말아야 한다. 설령 정의가 무엇인지 모르더라도 그것을 구원하기 위해 노력하겠노라던 그의 의지를 잊지 말아야 한다. 소크라테스가 죽음을 선고받았을 때, 오래 사는 것보다 잘 사는 것, 정의롭게 사는 것이 더 중요하다고 했던 말을 잊지 말아야 한다. 물질보다는 지혜를 사랑하고, 돈과 명예를 기준으로 세우는 것이 아니라 각자가 제일 잘 할 수 있는 능력을 기준으로 삼고, 경제적 가치가 우리의 삶을 지배하는 세상이 아니라 순수한 정신적 가치가 삶의 주인이 되는 세상. 그런 소박한 세상이 그가 꿈꿔온 이상의 국가, 정의로운 국가일 것이다. 소크라테스의 이상, 우리 마음속의 이상에 조금만 더 귀를 기울이고, 그 생각을 행동으로 조금씩 옮길 수만 있다면 우리가 사는 사회도 지금과는 다른 곳이 되지 않을까?

도종환 시인의 〈담쟁이〉라는 시는 "저것은 벽"이라는 구절로 시작된다. 이 시가 많은 젊은이들의 가슴을 뛰게 한 것은, 아이러니하게도 바로 그 "저것은 벽/어쩔 수 없는 벽"이라는 구절 때문이다. 어떤 장애물이나 무너뜨리고 어디든 거침없이 나아가는 것이 아니라, 절망의 벽, 좌절의 벽을 만나 저것은 도저히 어쩔 수 없다고 느끼는 것에서 이 시는 시작한다.

그리고 담쟁이들은 서로 손을 잡고, 의지하여 그 벽을 올라간다. 어쩔 수 없다고 고개를 떨구고 벽에서 등을 돌리는 것이 아니라, 말없이 벽을 기어오르는 것이다. 그렇게 벽을 오르는 이파리들이 수백 개가 되고 수천 개가 될 때, 마침내 담쟁이들은 벽을 넘는다. 아무도 넘을 수 없을 것이라 생각했던 거대한 벽을 넘어 그 바깥세상으로 뻗어나간다.

소크라테스는 우리에게 거대한 벽을 던져줬다. '지혜를 사랑하고 평생 이를 추구하는 사람', '정의와 진실에만 따르는 사람', '돈에 욕심이 없는 사람', '자신의 일에 최대의 덕을 더할 수 있는 사람' 모두 이룰 수 없을 것 같은 거대한 벽이다. 그래도 그 벽에 등을 돌리기 전, 우리의 마음에 외쳤으면 한다. "한 번 넘어보자!"라고.

| 참고문헌 |

1 플라톤 지음, 천병희 옮김, 《국가》, 숲, 2013.

2 플라톤 지음, 박종현 옮김, 《플라톤의 국가·政體》, 서광사, 2005.

3 플라톤 지음, 황문수 옮김, 《소크라테스의 변명》, 문예출판사, 2007.

4 플라톤 지음, 천병희 옮김, 《소크라테스의 변론, 크리톤, 파이돈, 향연》, 숲, 2012.

5 크세노폰 지음, 최혁순 옮김, 《소크라테스 회상》, 범우사, 2015.

6 공병호 지음, 《공병호의 고전강독 2: 소크라테스와 플라톤에게 다시 정의를 묻다》, 해냄, 2012.

7 윌 듀런트 지음, 임헌영 옮김, 《철학 이야기》, 동서문화사, 2007.

8 주현성 지음, 《지금 시작하는 인문학》, 더좋은책, 2012.

9 강신주 지음, 《철학이 필요한 시간》, 사계절, 2011.

10 김상봉 · 고명섭 지음, 《만남의 철학》, 길, 2015.

11 김인곤, 〈플라톤 "국가"〉, 서울대학교 철학사상연구소, 2004.